"Энергия Жизни: Полное руководство по управлению жизненной силой"

Dr.Erkin

Published by Dr.Erkin, 2024.

While every precaution has been taken in the preparation of this book, the publisher assumes no responsibility for errors or omissions, or for damages resulting from the use of the information contained herein.

"ЭНЕРГИЯ ЖИЗНИ: ПОЛНОЕ РУКОВОДСТВО ПО УПРАВЛЕНИЮ ЖИЗНЕННОЙ СИЛОЙ"

First edition. November 18, 2024.

ISBN: 979-8230286165

Written by Dr.Erkin.

Содержание

Аннотация книги "Энергия Жизни: Полное руководство по управлению жизненной силой"

Эта книга — не просто собрание техник и теорий. Это ваш личный путеводитель в мир силы и здоровья, который объединил в себе древние знания и современные научные открытия. Вы держите в руках ключ к источнику бесконечной энергии, способной изменить не только ваше физическое состояние, но и всю вашу жизнь.

Вас ждёт увлекательное путешествие от основ квантовой физики и энергетической анатомии до конкретных методов работы с внутренней энергией. Вы научитесь использовать силу дыхания, медитации, практик осознанности и движения, чтобы управлять своим состоянием, восстанавливать здоровье и достигать гармонии во всех сферах жизни.

Эта книга станет вашим компасом на пути к глубоким трансформациям:

- **Преодолейте хроническую усталость и стресс,** активируя жизненную силу через простые и эффективные упражнения.
- **Овладейте методами очищения энергии и восстановления баланса,** опираясь на практики аюрведы, йоги, китайской медицины и современных исследований нейронауки.
- **Узнайте, как использовать квантовую реальность для создания новой жизни,** влияя на свои мысли и намерения.
- **Интегрируйте древние техники в повседневность,** улучшая здоровье, продуктивность и отношения.

- **Получите готовую программу трансформации**, которая приведёт вас к состоянию устойчивой энергии и внутреннего покоя.

Автор книги — доктор, исследователь и мастер боевых искусств, объездивший мир в поисках знаний, от джунглей Амазонки до тибетских монастырей. Он делится своим многолетним опытом, адаптируя древние методы для современного человека.

Эта книга для тех, кто устал от постоянного стресса и хочет взять свою жизнь под контроль, наполнив её энергией, силой и смыслом. Она станет вашим верным союзником на пути к гармонии, процветанию и самореализации.

Готовы ли вы сделать шаг навстречу новому уровню жизни? Тогда эта книга — для вас.

Dr.Erkin (Эркин Джаманбаев)

Путь Мастера Энергии: Полное руководство к силе, здоровью и процветанию

Личная История Трансформации

Я помню тот день, когда всё изменилось. Встреча с древним целителем на высоте трёх тысяч метров в Гималаях изменила моё понимание энергии и её роли в жизни человека. На тот момент я уже был успешным врачом, прошедшим долгий путь в западной медицине, а также погружённым в практики йоги и боевых искусств. Но именно тогда я осознал, что энергия — это не метафора, а реальный, измеримый и управляемый ресурс, который может изменить не только наше здоровье, но и всю жизнь.

Эта книга родилась из моего опыта — многолетнего пути познания, ошибок, озарений и встреч с мастерами различных традиций. Я объездил полмира — от Южной Америки до Южной Азии, от джунглей Амазонки до тибетских монастырей, — и каждый раз открывал новые слои понимания. Я видел, как старейшины народов, шаманы и йоги используют простые, но мощные техники для восстановления здоровья и достижения внутренней гармонии. И я понял: эти знания могут быть полезны каждому, если их правильно адаптировать и объяснить.

Для Кого Эта Книга

Эта книга написана для тех, кто хочет взять управление своей жизнью в свои руки. Вы, вероятно, уже достигли многого: у вас есть карьера, семья, социальные достижения, финансы. Но, возможно, вы чувствуете, что это не всё. Вы ищете что-то большее — глубокое понимание жизни, осознанное управление своим состоянием, ключ к устойчивому здоровью и внутреннему благополучию.

Если вам интересно, как использовать силу дыхания, медитации и энергетических практик, подкреплённых научными исследованиями, эта книга для вас. Она не потребует от вас менять образ жизни, но предложит инструменты, которые можно интегрировать в вашу повседневность, помогая находить баланс, устойчивость и силу.

Как Извлечь Максимум Пользы

Прежде чем углубиться в чтение, хочу предложить несколько рекомендаций:

- **Читайте с открытым умом.** Здесь будут встречаться концепции, которые могут показаться новыми или непривычными. Но помните: всё, что изложено в книге, опирается как на древнюю мудрость, так и на современные научные исследования.

- **Практикуйте.** Книга содержит множество практических упражнений и техник. Не откладывайте их "на потом". Делайте их сразу, даже если это занимает всего 5-10 минут. Ваше тело — лучший учитель, и только через практику можно ощутить силу описанных методов.

- **Ведите дневник наблюдений.** Фиксируйте свои ощущения и изменения, даже если они кажутся незначительными. Это поможет вам отслеживать прогресс и понимать, какие техники наиболее эффективны именно для вас.

Введение: Новая Парадигма Энергии

Мы привыкли мыслить о мире как о чём-то твёрдом и неизменном. Но на самом деле всё, что мы видим, трогаем и ощущаем, — это лишь сгущённая энергия, вибрация. Квантовая физика доказала, что реальность на самом глубоком уровне непостоянна, что частицы одновременно являются и волнами. Это означает, что реальность может меняться в зависимости от того, как мы на неё смотрим и как мы с ней взаимодействуем.

Энергия и материя переплетены настолько, что границы между ними кажутся условными. Квантовая механика перевернула наше представление о мире, описав его как живую и взаимосвязанную систему полей и частиц, подчиняющихся сложным законам корпускулярно-волнового дуализма. В начале XX века ученые, изучая свет и микрочастицы, обнаружили, что частицы могут вести себя как волны, а волны – как частицы. Эти открытия не только углубили наше понимание материи и энергии, но и подсказали, что реальность обладает невообразимой гибкостью и сложностью, меняющейся в зависимости от наблюдателя.

Слияние Науки и Древней Мудрости

Долгое время западная медицина и наука игнорировали энергетические практики, считая их псевдонаучными. Однако исследования последних десятилетий показывают, что древние системы целительства, такие как аюрведа, китайская медицина и шаманизм, основаны на реальных механизмах, подтверждаемых современной наукой. Например, медитация и дыхательные практики воздействуют на вегетативную нервную систему, снижая уровень стресса и улучшая когнитивные функции.

Сегодняшние исследования раскрывают глубокие параллели между древними практиками и современной наукой. Традиционные подходы к управлению энергией, такие как медитация, дыхательные практики и телесно-ориентированные методы, становятся объектом научного анализа. Биофизика исследует энергообмен на клеточном уровне, нейронаука показывает, как осознанное дыхание и медитация регулируют вегетативную нервную систему, снижая уровень стресса и влияя на активность мозга. Это объединение дисциплин раскрывает ценность древних техник для поддержания здоровья и гармонии, которые ранее считались лишь духовной практикой.

Вызовы Современного Мира

Мы живём в эпоху постоянного стресса, цифровой зависимости и эмоциональной нестабильности. Наша нервная система перегружена, и часто мы чувствуем себя вымотанными, даже если физически здоровы. Это указывает на дефицит не физических, а энергетических ресурсов. Именно здесь знание о работе с энергией может стать ключом к улучшению качества жизни.

Карта Путешествия к Мастерству

Эта книга — не просто сборник теоретических знаний, а практическое руководство по освоению энергетических практик, проверенных временем и адаптированных для современного мира. Она разработана так, чтобы сопровождать вас на каждом этапе пути: от начальных основ до полного мастерства. Каждый раздел книги — это шаг в этом путешествии, который выстраивает систему понимания, даёт мощные инструменты и ведёт к глубинным трансформациям.

ЧАСТЬ I: Основы Энергетического Мироздания

Здесь мы начинаем с фундамента. Что такое энергия? Как она связана с материей и сознанием? Как она циркулирует в теле и в окружающем мире? Эта часть книги даст вам чёткое понимание основных принципов, на которых строится работа с энергией. Вы узнаете, как законы квантовой физики, древняя мудрость и современные исследования раскрывают истинную природу реальности и её многомерность.

ЧАСТЬ II: Техники Работы с Энергией

В этой части мы погружаемся в практики. Дыхательные упражнения, медитации, телесные практики и визуализации — все они направлены на активацию и управление вашей энергией. Вы освоите проверенные методы, которые помогают балансировать и усиливать энергию, устранять блоки и восстанавливать поток жизненной силы. Каждая техника сопровождается пошаговыми инструкциями и рекомендациями для безопасного и эффективного применения.

ЧАСТЬ III: Применение Знаний в Повседневной Жизни

Энергия не существует в вакууме — она проявляется в нашей повседневности, от работы до взаимоотношений. Здесь вы научитесь использовать свои навыки для управления стрессом, повышения продуктивности, улучшения физического и психического здоровья. Мы разберём конкретные кейсы и предложим решения, которые помогут интегрировать практики в ваши повседневные действия, создавая гармоничные и наполненные энергией отношения, работу и личную жизнь.

ЧАСТЬ IV: Трансформация и Развитие

Эта часть книги посвящена глубоким изменениям и духовному развитию. Мы поговорим о процессе трансформации, который проходит каждый практикующий: от очищения энергетического тела до обретения новой осознанности. Здесь вы узнаете о переходе от работы с индивидуальной энергией к взаимодействию с высшими уровнями сознания и коллективными энергиями.

ЧАСТЬ V: Энергия в Социуме

Мы живём в мире, полном взаимодействий. Как использовать свои навыки и знания для создания гармоничного пространства вокруг себя? В этой части мы рассматриваем вопросы энергетических взаимодействий в социуме: от личных границ до работы с коллективной энергией в группе или семье. Вы узнаете, как укреплять своё поле и поддерживать баланс в условиях социального давления и стрессов, а также как влиять на окружающих, оставаясь в гармонии с собой.

ЧАСТЬ VI: Особые Категории Практик

Эта часть книги посвящена углублённым техникам, которые могут быть особенно полезны в специфических ситуациях и для различных категорий людей. Здесь вы найдёте практики для восстановления после болезни, работы с травмой, повышения креативности и усиления интуиции. Мы также рассмотрим практики для пожилых людей, беременных женщин и людей, переживающих жизненные кризисы.

ЧАСТЬ VII: Мастерство и Интеграция

Настоящее мастерство — это не накопление техник, а их интеграция в каждое мгновение жизни. В этой части книги вы узнаете, как выйти за рамки отдельных практик и научиться жить в состоянии постоянного энергетического баланса и осознанности. Мы рассмотрим, как проявлять мастерство в повседневных делах, оставаясь в контакте с внутренней силой и мудростью.

ЧАСТЬ VIII: Программа Трансформации

Эта часть книги — готовый план действий, программа, которая поможет вам систематизировать знания и навыки, приобретённые на протяжении всей книги. Вы получите пошаговый план трансформации, включающий ежедневные и еженедельные практики, а также рекомендации по корректировке плана в зависимости от ваших целей и текущего состояния.

Приложения и Дополнительные Материалы

Для удобства и углублённого изучения я включил в книгу приложения с дополнительными материалами: таблицы энергетических точек, схемы дыхательных техник, списки рекомендуемых трав и кристаллов, а также подборку исследований и научных статей для тех, кто хочет погрузиться в тему ещё глубже.

ЧАСТЬ I: ОСНОВЫ ЭНЕРГЕТИЧЕСКОГО МИРОЗДАНИЯ

Глава 1: Фундаментальные Принципы Энергии

Энергия — это основа всего существующего. Сознание, материя и энергия неразрывно связаны. Представьте, что материя — это замёрзшая вода, энергия — это вода в жидком состоянии, а сознание — это пар. Все три состояния — это одна и та же субстанция, но в разных формах.

Квантовая Природа Реальности

Всё, что нас окружает, — это не твёрдая материя, а колебания энергии. На уровне квантовой физики наше тело — это набор вибраций, которые мы можем осознанно изменять. С помощью дыхания, медитации и визуализации мы способны изменять вибрационное состояние нашего тела и сознания, что в свою очередь влияет на наше физическое и психическое здоровье. Вселенная — это бесконечный океан энергии, в котором неразрывно связаны звезды, планеты, живые существа, мысли и чувства.

Материя представляет собой сгущенную энергию, принимающую плотную и ощутимую форму, а сознание - её высший вибрационный уровень, способный изменять и творить реальность. Понимание этой триединой сущности — энергии, материи и сознания — позволяет нам глубже постичь, как связаны между собой физический и духовный миры и какое место в этой системе занимает человек. Квантовая физика показывает, что реальность намного подвижнее, чем кажется на первый взгляд. На микроуровне, где действуют законы квантовой механики, частицы могут вести себя как волны, а волны как частицы, что открывает перед нами неизведанные возможности управления реальностью.

Наши мысли и намерения могут оказывать влияние на квантовом уровне, что позволяет изменять собственные вибрации и, как следствие, свою жизнь. Это новое понимание реальности даёт нам инструменты для создания своей жизни осознанно, влияя на окружающую энергию и привлекая нужные события и людей.

Законы Энергетического Взаимодействия

Энергия следует определённым законам, таким как закон сохранения энергии, закон притяжения и закон причины и следствия. Осознание этих принципов помогает нам понимать, как направлять энергию в нужное русло.

- Закон сохранения энергии – энергия не может исчезнуть, она лишь переходит из одной формы в другую, что делает мир стабильной и устойчивой системой.
- Закон притяжения – подобное притягивает подобное. Наши мысли и эмоции создают вибрации, привлекающие соответствующие события и людей.
- Закон причинно-следственных связей – каждое наше действие или мысль вызывает определенные последствия, формируя нашу судьбу.

Эти законы не только регулируют физические процессы, но и указывают, что осознанные действия и позитивный настрой могут изменить внешние обстоятельства.

Многомерная Природа Человека

Человек – это сложная многомерная структура, включающая физическое тело и тонкие энергетические оболочки.

Мы привыкли воспринимать себя исключительно через призму физического тела — как набор костей, мышц, органов. Но человек — это гораздо более сложная и многомерная структура, включающая в себя не только биологические системы, но и тонкие энергетические оболочки, которые формируют наше поле восприятия, эмоции, сознание и, в конечном итоге, взаимодействие с миром.

Наша энергетическая система состоит из:

- **Чакр** – энергетических центров, которые регулируют потоки энергии в теле и обеспечивают связь с духовными и эмоциональными состояниями. Чакры — это не просто "энергетические центры", а узлы, через которые протекает и перераспределяется жизненная сила (прана). Представьте, что чакры — это энергетические трансформаторы, которые преобразуют вибрации внешнего мира в опыт и эмоции. Каждая чакра связана с определёнными органами и психологическими аспектами.

- **Ауры** – энергетического поля, которое отражает наше физическое и эмоциональное состояние и взаимодействует с полями других людей и окружением. Аура — это наше энергетическое поле, или, говоря современным языком, "информационная оболочка". Она состоит из нескольких слоёв, каждый из которых отражает физическое, эмоциональное, ментальное и духовное состояние человека. Аура — это наш "энергетический паспорт", и её взаимодействие с полями других людей влияет на наше самочувствие и настроение.

- **Меридианов** — это каналы, по которым течёт жизненная энергия Ци. Они образуют сложную сеть, связывающую все органы и системы тела, обеспечивая их гармоничную работу. Это своего рода "энергетический интернет", через который циркулируют сигналы и импульсы, поддерживая баланс в теле.

Осознание этих аспектов позволяет нам понять и контролировать свои эмоции, самочувствие и взаимоотношения, глубже познавая свою многомерную природу и раскрывая заложенные в нас возможности.

Энергетическая Анатомия: Глубже Физического Тела

Понимание многомерной природы человека позволяет нам увидеть взаимосвязь между физическим здоровьем, эмоциональным состоянием и мыслями. Это даёт возможность влиять на своё состояние не только через питание и физические упражнения, но и через работу с энергией. Например, осознание блоков в чакрах может помочь разобраться в эмоциональных и психологических проблемах, которые трудно выявить с помощью традиционных методов терапии.

Практикум: Осознание Энергетического Тела

Упражнение "Сканирование Тела" — это простая техника, которая помогает выявить энергетические блоки и наладить контакт со своим телом.

- Устройтесь в спокойном месте, где вас никто не побеспокоит.
- Закройте глаза и сделайте несколько глубоких вдохов. Сосредоточьтесь на ощущениях своего тела.
- Начните мысленное "сканирование" тела, начиная с головы и постепенно перемещаясь вниз. Отмечайте любые ощущения: тепло, покалывание, тяжесть или лёгкость.
- Если вы замечаете напряжение в какой-либо зоне, направьте своё внимание туда. Представьте, что с каждым выдохом энергия проникает в это место и растворяет напряжение.
- Завершите упражнение глубоким вдохом и выдохом, осознайте свои ощущения и открывайте глаза, готовые продолжить день с обновлённым восприятием.

Распознавание Энергетических Паразитов

Энергетические паразиты — это невидимые сущности или негативные энергии, которые привязываются к нашему энергетическому полю, истощая его и вызывая физическое и эмоциональное истощение. Такие паразиты могут быть результатом как внешних воздействий, так и накопленных внутренних блоков и нерешенных эмоций. Их присутствие способно нарушить баланс энергии, приводя к усталости, тревожности и другим негативным состояниям. Знание о том, как выявлять, нейтрализовать и предотвращать энергетические паразиты, позволяет защитить себя и укрепить свою энергетику.

Энергетические паразиты — это не фантазия, а реальная проблема, которая может истощать наши ресурсы и нарушать баланс. Это могут быть как внешние негативные воздействия (например, от токсичных людей), так и внутренние блоки, вызванные нерешёнными эмоциями и стрессами. В современном мире, где мы постоянно подвергаемся информационному и эмоциональному перегрузу, наша энергетическая система становится уязвимой.

Признаки Наличия Энергетических Паразитов

- **Чувство тяжести:** Внезапное ощущение давления в теле, которое трудно объяснить физическими причинами. Это может быть знаком утечки энергии.

- **Эмоциональная нестабильность:** Необоснованные вспышки гнева или печали. Такие эмоции часто возникают из-за влияния внешних энергий, которые вступают в резонанс с нашими внутренними блоками.

- **Постоянная усталость:** Если даже после полноценного отдыха вы чувствуете себя разбитым, это может быть связано с присутствием негативных энергетических влияний.

- **Расстройства сна**: Бессонница или повышенная сонливость могут указывать на воздействие негативных энергий, особенно если такие нарушения происходят регулярно.

- **Затуманенность сознания**: Паразиты могут влиять на ментальную ясность, снижая концентрацию и способность принимать решения.

Защита от Энергетических Паразитов

Защита от негативных энергетических влияний состоит из регулярного очищения энергетического поля, создания защиты и укрепления личного пространства. Вот ключевые методы защиты:

- **Энергетическое очищение:** Периодическая практика очищения помогает избавляться от накопленных негативных энергий. Это можно делать через медитацию, визуализацию светового потока, принятие соляных ванн или использование кристаллов (черный турмалин, обсидиан), которые впитывают негативную энергию.

- **Создание энергетического щита:** Визуализируйте вокруг себя оболочку из света — белого, золотого или синего. Этот энергетический щит работает как барьер, отражающий внешние негативные влияния. Постоянное укрепление такого щита помогает защитить себя от невидимых энергетических атак.

- **Использование защитных кристаллов и амулетов:** Кристаллы, такие как черный турмалин, обсидиан и шунгит, обладают сильными защитными свойствами и помогают нейтрализовать негативное влияние. Носите их с собой или разместите в помещениях для постоянной защиты.

- **Мантры и аффирмации:** Повторение защитных мантр и аффирмаций, например "Мое энергетическое поле неприступно" или "Я окружен светом и защитой", создает устойчивое намерение, которое укрепляет ваше энергетическое поле.

Энергия Пространства: Создание Благоприятной Атмосферы

Пространство, в котором мы проводим время, также влияет на наше энергетическое состояние. Среда может накапливать негативные энергии, если в ней происходят конфликты, стрессы или переутомление. Гармонизация пространства помогает создать благоприятную атмосферу, которая будет подпитывать наш организм и способствовать душевному комфорту.

- **Очищение пространства:** Регулярно очищайте комнаты с помощью благовоний, ароматических масел, таких как ладан или сандал, и смесей трав, например шалфея или полыни. Это помогает устранить накопленную негативную энергию и освежить атмосферу.

- **Расстановка кристаллов:** Размещение камней (аметист, горный хрусталь, розовый кварц) в разных местах помогает регулировать энергетические потоки. Аметист, например, успокаивает пространство, а горный хрусталь очищает и усиливает положительные энергии.

- **Фэн-шуй:** Основы фэн-шуй помогают создать гармоничное пространство. Расположение мебели, цветовые акценты и декоративные элементы настраивают потоки энергии в помещении, создавая баланс и уют.

- **Звуковая терапия:** Использование тибетских чаш, колоколов или мантр помогает очистить пространство на вибрационном уровне. Звуки способствуют освобождению застоявшейся энергии и восстанавливают циркуляцию положительных вибраций.

Энергетические Связи с Людьми: Управление Взаимодействиями

Взаимоотношения между людьми — это не просто обмен словами и действиями. Каждый контакт — это создание энергетической связи, нити, по которой текут мысли, эмоции и намерения. Эти связи могут быть источником поддержки, если они основаны на любви, уважении и доверии. Однако они также могут стать каналами утечки энергии, особенно если взаимоотношения наполнены конфликтами, манипуляцией или скрытым недовольством.

Природа Энергетических Связей

Энергетические связи — это невидимые каналы, через которые мы взаимодействуем с другими людьми. Представьте, что каждое общение, взгляд или прикосновение создают невидимую нить, которая связывает вас с другим человеком. Если связь позитивна, энергия течёт свободно, обмениваясь теплом и поддержкой. Однако, если связь построена на негативных эмоциях, таких как ревность, зависть или обида, эта нить может становиться тяжёлой и напряжённой, что приводит к утечке энергии.

Вы замечали, как после общения с некоторыми людьми чувствуете себя истощёнными, даже если разговор был коротким? Это явный признак негативной энергетической связи, через которую ваша энергия утекает, оставляя вас в состоянии усталости и тревоги.

Распознавание Энергетических Связей

- **Физические ощущения:** Обратите внимание на своё тело. Если при контакте с человеком вы ощущаете тяжесть в груди, сжатие в животе или головную боль, это может быть признаком того, что связь с ним негативно влияет на ваше энергетическое поле.

- **Эмоциональное состояние**: Ваши эмоции — отличный индикатор качества связи. Если после разговора с человеком вы чувствуете гнев, тревогу или грусть без видимой причины, скорее всего, это результат токсичной энергетической нити.

- **Ментальная ясность**: Если после встречи или общения вы ощущаете "затуманенность" в голове, неспособность сосредоточиться или забывчивость, это может указывать на воздействие негативной энергии.

Обрезание Негативных Связей

Негативные связи тянут энергию, подобно паразитам. Они могут быть результатом токсичных отношений, прошлых обид или даже ментальной привязки к человеку, с которым вы уже давно не общаетесь. Визуализация обрезания таких связей помогает освободить своё энергетическое поле.

- Найдите спокойное место и закройте глаза.
- Представьте себе человека или ситуацию, с которой вы хотите разорвать связь.
- Визуализируйте тонкую нить или канат, связывающий вас с этим человеком. Представьте, как вы держите в руках световой нож или меч.
- Разрежьте эту нить, наблюдая, как она растворяется в свете. Почувствуйте освобождение и легкость, возникающие после этого.

Повторяйте это упражнение ежедневно в течение недели, если связь была сильной или эмоционально заряженной. Это поможет вам окончательно разорвать энергетическую привязку.

Укрепление Позитивных Связей

Позитивные энергетические связи приносят радость, вдохновение и поддержку. Их важно укреплять, особенно с близкими людьми, друзьями и коллегами, чьё присутствие в вашей жизни ценно.

- **Аффирмации на любовь и благодарность**: Начните день с повторения простых аффирмаций, направленных на близких вам людей. Например: "Я благодарен за любовь и поддержку, которые я получаю и отдаю".
- **Медитация на сострадание**: Закройте глаза и представьте, как из вашего сердца исходит мягкий свет, который обволакивает вас и всех, с кем вы связаны. Пусть этот свет наполняет каждого любовью и согревает, создавая мощное поле гармонии и доверия.

Практики Древних Цивилизаций: Защита и Гармонизация

Знания древних цивилизаций о работе с энергией дошли до нас в виде шаманских ритуалов, аюрведических практик и китайской медицины. Эти методы использовались для защиты от негативных влияний и восстановления энергетического баланса.

Шаманизм: Связь с Природой

Шаманы видят мир как живую сеть энергий, где каждый человек, животное, растение и камень имеют свою собственную силу. Шаманские практики включают взаимодействие с духами природы для исцеления и гармонизации энергии.

Техника работы с тотемом: Найдите своё тотемное животное — символ силы, который будет защищать ваше энергетическое поле. Это животное может прийти к вам во сне или медитации. В трудные моменты представляйте его рядом, ощущая поддержку и защиту.

Аюрведа: Баланс Трёх Дош

В аюрведе тело и ум рассматриваются как взаимосвязанные системы, где энергия циркулирует в виде трёх дош: Вата (воздух), Питта (огонь) и Капха (земля). Дисбаланс одной из дош может вызвать утечку энергии и проблемы со здоровьем.

Использование специй: Аюрведа предлагает включать в рацион определённые специи для балансировки энергий. Например, куркума и имбирь улучшают циркуляцию энергии и повышают иммунитет.

Традиционная Китайская Медицина: Поток Ци

Ци — это жизненная сила, циркулирующая по меридианам. Традиционная китайская медицина использует акупунктуру и цигун для восстановления потока Ци и укрепления защитного поля.

Практика дыхания цигун: Делайте глубокий вдох, представляя, как энергия наполняет ваше тело, а затем мягкий выдох, направляя энергию в нижний даньтянь (область ниже пупка). Это поможет укрепить ваш внутренний энергетический резерв.

Детальнее это все будет рассмотрено ниже.

Защита и Гармонизация Энергетического Поля

1. Создание Светового Щита

Визуализируйте вокруг себя оболочку из белого или золотого света, который защищает вас от внешних воздействий. Эта оболочка пропускает лишь позитивную энергию, отражая всё негативное.

Закройте глаза и представьте, как из вашего сердца исходит поток света, который формирует защитный щит вокруг всего тела.

Почувствуйте, как этот свет заполняет всё ваше пространство, создавая ощущение защищённости и гармонии.

1. Очищение с помощью Звука

Используйте тибетские чаши или колокольчики для очищения энергетического поля. Звуковые вибрации разрушают застойные энергии и восстанавливают циркуляцию позитивных потоков.

Если у вас нет чаши, попробуйте простое упражнение: громко хлопните в ладоши, представляя, как звук разгоняет и очищает ваше пространство.

Детальнее эти и другие техники рассматриваются и практикуются на семинаре, или можно прочитать книгу, которую специально посвятил этой теме: **"Освобождение от Сглаза, Порчи и Проклятий: Глубокое Исследование и Практики"**[1]

---

1.   https://ko-fi.com/s/183a728581

Глава 2: Энергетическая Анатомия Человека

36

Карта Невидимых Миров: Погружение в Тонкие Тела и Энергетические Центры

Когда мы смотрим на человека, кажется, что перед нами только физическое тело. Но за этим видимым миром скрывается сложная, многослойная структура энергетических тел, переплетающихся, взаимодействующих и поддерживающих наш жизненный путь. Эта тонкая анатомия — больше, чем просто мистическая концепция, это глубоко укоренённая в традициях и практике основа понимания человеческого потенциала.

Исследования биополя человека показывают, что наше энергетическое поле – это сложная многослойная система, где каждый слой имеет уникальные функции, поддерживая гармонию и жизнедеятельность организма на всех уровнях – от физического до духовного.

Тонкие Тела: Мосты Между Духовным и Материальным

1. Эфирное Тело: Энергетический Двойник

- **Отражение физического тела** — эфирное тело повторяет анатомические контуры, но создано из энергии, вибраций. Это своеобразный шаблон, который влияет на состояние органов и тканей.

- **Батарея жизненной силы** — эфирное тело поддерживает процессы регенерации, иммунитета и роста, выступая источником праны, или «ци».

- **Связь с меридианами и чакрами** — через него циркулируют потоки энергии, поддерживающие работу внутренних органов и нервной системы.

- **Роль в физическом здоровье** — именно в эфирном теле происходят первые признаки заболеваний: сбои в энергетическом потоке могут предшествовать физическим недугам.

- **Наиболее плотное из тонких тел** – его структура ближе всего к физическому телу, что делает его более восприимчивым к физическим воздействиям.

2. Эмоциональное Тело: Поле Переживаний

- **Эмоциональная память** — эмоциональное тело подобно дневнику, в котором записаны все наши радости, страхи и боли. Эти отпечатки влияют на наше самочувствие и отношения с окружающими.

- **Цвет и плотность** — эмоции обладают вибрациями, меняющими состояние эмоционального тела. Гнев делает его тёмным и плотным, а любовь — светлым и текучим.

- **Влияние на физиологию** — накопленные негативные эмоции могут вызывать психосоматические симптомы: напряжение мышц, боли в сердце, расстройства сна.
- **Связь с аурой** — эмоциональное тело часто проявляется в ауре, в её цветах и формах, отражая наше внутреннее состояние и настроение.

3. Ментальное Тело: Дом Мысли

- **Фабрика идей и убеждений** — ментальное тело формирует наше мировоззрение, собирая и анализируя информацию, создавая мыслеформы, которые затем влияют на наше поведение и решения.
- **Влияние на реальность** — наши мысли обладают силой, которая может менять не только наше восприятие, но и объективную реальность. Повторяющиеся негативные мысли создают энергетические блоки, а позитивные — привлекают желаемые события.
- **Источник креативности** — активное ментальное тело открывает каналы для вдохновения, позволяет создавать новые идеи и видеть мир нестандартно.

4. Каузальное Тело

- **Память о прошлых жизнях** – содержит кармические отпечатки, влияющие на текущий жизненный путь, каузальное тело хранит отпечатки наших прошлых жизней, кармические узоры, формирующие наши текущие возможности и вызовы.
- **Определение жизненного предназначения** – это тело программирует важные события в жизни, закладывает определённые сценарии, которые мы должны пережить для роста души.

- **Связь с высшими аспектами сознания** – формирует мост между физической и духовной природой.
- **Наименее плотное тело** – его вибрации тонкие и более труднодоступные для восприятия, но оно оказывает мощное влияние на нас на глубинном уровне.
- **Вибрации высшего порядка** — его тонкие вибрации труднодоступны для восприятия, но их влияние глубоко и ощутимо, особенно в моменты кризисов или озарений.

Чакры: Энергетические Центры, Формирующие Наша Реальность

Чакры — это не просто центры энергии, это своего рода «энергетические порталы», через которые наше сознание взаимодействует с миром. Они не только распределяют энергию, но и влияют на наше физическое здоровье, ментальное состояние и духовное развитие.

1. Муладхара (корневая) — корневая чакра, энергия выживания и инстинкт самосохранения. Она подобна фундаменту дома: если неустойчиво, всё здание дрожит. Дисбаланс приводит к тревоге и страхам.

- Расположение: основание позвоночника
- Функции: отвечает за инстинкты выживания, безопасность и чувство опоры
- Физические соответствия: надпочечники, кости, кровь
- Частота вибраций: 396 Гц – вибрация заземления и силы

2. Свадхистана (сакральная) — источник творчества и страсти. Она пробуждает наши желания и вдохновляет на создание, будь то искусство, проекты или отношения.

- Расположение: низ живота
- Функции: творческая энергия, сексуальность, глубокие эмоции
- Физические соответствия: репродуктивная система
- Частота вибраций: 417 Гц – стимулирует поток творческих идей

3. Манипура (солнечное сплетение) — центр личной силы и воли. Она зажигает огонь внутри, даёт уверенность и способность принимать решения.

- Расположение: солнечное сплетение
- Функции: воля, личная сила, уверенность
- Физические соответствия: пищеварительная система
- Частота вибраций: 528 Гц – вибрация трансформации и внутренней силы

4. Анахата (сердечная) — сердечная чакра, центр любви и сострадания. Она раскрывает истинное чувство единства с миром и окружающими.

- Расположение: центр груди
- Функции: любовь, сострадание, гармония
- Физические соответствия: сердце, легкие
- Частота вибраций: 639 Гц – частота сердечного исцеления и связи

5. Вишудха (горловая) — чакра горла, место самовыражения и честности. Она даёт нам голос, способность говорить правду и делиться своими мыслями.

- Расположение: горло
- Функции: самовыражение, коммуникация, творчество
- Физические соответствия: щитовидная железа
- Частота вибраций: 741 Гц – вибрация правды и самовыражения

6. Аджна (третий глаз) — третий глаз, наш внутренний компас. Она отвечает за интуицию и видение, помогает видеть за пределами очевидного.

- Расположение: межбровье
- Функции: интуиция, ясновидение, духовное восприятие
- Физические соответствия: гипофиз, зрение
- Частота вибраций: 852 Гц – частота интуитивного видения и мудрости

7. Сахасрара (коронная) — коронная чакра, связь с космосом. Это ворота к высшему сознанию, место, где наш дух соединяется с бесконечным.

- Расположение: макушка головы
- Функции: связь с космическим сознанием, просветление
- Физические соответствия: эпифиз, центральная нервная система
- Частота вибраций: 963 Гц – вибрация высшей гармонии и духовной интеграции

Меридианы и Нади: Каналы Энергетического Питания

Системы меридианов и нади — это сложные сети, по которым течёт жизненная энергия, поддерживая баланс и здоровье организма.

1. Меридианы: Восточные Вены Энергии

- Каждый меридиан связан с конкретным органом, влияя на его функцию и состояние.
- Нарушение потока энергии по меридианам часто проявляется как боль или дисфункция в соответствующей области тела.
- 12 основных меридианов – каждый связан с конкретным внутренним органом и его функциями.
- 2 центральных меридиана – обеспечивают связь между всеми меридианами и координируют баланс энергопотоков.
- Функция: циркуляция жизненной энергии («ци»), поддерживая физиологическое равновесие и здоровье тела.

2. Нади: Каналы Просветления

- Ида (лунный канал) – успокаивающий и охлаждающий поток энергии.
- Пингала (солнечный канал) – стимулирующий и согревающий поток.
- Сушумна (центральный канал) центральный канал, по которому энергия поднимается вверх при духовном пробуждении, проходя через все чакры., обеспечивает гармонию между Идой и Пингалой, является основным

каналом для духовного роста и пробуждения.

- Практики пранаямы и медитации помогают активировать нади, усиливая поток энергии и улучшая здоровье.

Энергетические Центры Мозга: Ключ к Высшим Состояниям

1. Эпифиз (шишковидная железа)

- Часто называют «третьим глазом» — эпифиз связан с интуицией и духовным восприятием. Его активация открывает доступ к новым уровням осознания.
- Он регулирует выработку мелатонина, влияя на наши циклы сна и бодрствования, и может быть ключом к переживанию духовных состояний.

2. Гипофиз

- Главная железа эндокринной системы, гипофиз управляет гормонами и регулирует все процессы в организме, управляет обменом веществ и общим энергетическим балансом.
- Он также играет роль в духовном восприятии, связывая наше физическое тело с тонкими аспектами сознания.

3. Гипоталамус

- Функция: регуляция вегетативных процессов, таких как дыхание, сердцебиение, пищеварение.
- Энергетический баланс – отвечает за поддержание гармоничного состояния, влияя на эмоции и физическое самочувствие, заимодействие гипоталамуса с остальными центрами мозга создаёт гармонию между телом, умом и духом.

Сканирование и Активация Энергетических Полей

Практика работы с энергетическими полями — это не только путь к самопознанию, но и возможность расширить восприятие мира, улучшить здоровье и укрепить духовную связь. Эти упражнения помогут вам развить чувствительность к собственным энергопотокам и научиться управлять ими для гармонизации тела и ума.

Упражнение 1: Исследование Энергетических Слоёв

1. **Настройка и заземление**
   - Примите удобное положение: сидя или лёжа, чтобы тело было расслаблено. Закройте глаза и сделайте несколько глубоких, медленных вдохов. Представьте, как корни растут от ваших стоп или копчика в землю, укрепляя связь с земной энергией.

2. **Фокус на физическом теле**
   - Сначала сосредоточьтесь на своём физическом теле. Ощутите его тяжесть, вес и температуру. Осознайте, как ваши мышцы расслабляются и напряжение уходит.

3. **Расширение восприятия**
   - Мысленно выходите за пределы физического тела и начинайте сканировать энергетические слои вокруг вас. Представьте, что вы словно зондируете своё поле, медленно расширяя круг восприятия.

4. **Чувствование эфирного тела**
   - Эфирное тело — это самая плотная из тонких оболочек. Оно может ощущаться как лёгкое покалывание или вибрация на поверхности кожи. Обратите внимание на участки с изменённой плотностью: возможно, там есть блоки или напряжение.

5. **Исследование эмоционального слоя**
   - Перемещайтесь дальше и попытайтесь ощутить эмоциональное тело. Оно может проявляться

через изменение температуры — тепло при радости или прохлада при грусти. Запоминайте и записывайте, какие эмоции вы испытываете в данный момент и как они влияют на этот слой.

6. **Ментальное и каузальное тела**

   ○ Погружаясь глубже, сосредоточьтесь на ментальном теле. Заметили ли вы хаотичные образы или ясные мысли? Какие идеи приходят? Наконец, постарайтесь почувствовать вибрации каузального тела, где хранятся кармические отпечатки. Здесь важно просто наблюдать без оценки.

7. **Рефлексия и записи**

   ○ После завершения медленно возвращайтесь в своё физическое тело, почувствуйте его опору и тяжесть. Откройте глаза и сделайте записи в дневнике. Опишите ваши ощущения: какие слои были ярче, где чувствовалось напряжение или лёгкость? Какие эмоции всплывали?

Этот дневник станет вашей картой, помогая отслеживать изменения и углублять понимание энергетической анатомии.

Упражнение 2: Активация Чакральной Системы

Эта практика поможет вам открыть и гармонизировать основные энергетические центры, укрепив поток праны по всему телу.

1. **Подготовка и центрирование**
   - Удобно сядьте, закройте глаза и сосредоточьтесь на своём дыхании. Сделайте несколько глубоких вдохов и выдохов, ощущая, как вы погружаетесь в спокойствие.

2. **Активация Муладхары (корневой чакры)**
   - Визуализируйте яркий красный цвет у основания позвоночника. Почувствуйте, как он пульсирует, излучая тепло и силу. Произнесите мантру «Лам» на выдохе, ощущая вибрацию в нижней части тела.

3. **Переход к Свадхистане (сакральной чакре)**
   - Представьте оранжевый свет, сияющий внизу живота. Вдохните этот цвет, ощущая, как раскрывается ваша творческая энергия. Используйте мантру «Вам», направляя внимание к этой области.

4. **Активация Манипуры (чакры солнечного сплетения)**
   - Визуализируйте яркий жёлтый свет в области солнечного сплетения. Почувствуйте внутренний огонь, источник вашей воли и уверенности. Мантра «Рам» поможет усилить вибрации и активировать этот центр.

5. **Открытие Анахаты (сердечной чакры)**
   - Представьте зелёный свет, наполняющий центр груди. Почувствуйте любовь и гармонию,

излучаемую сердцем. Пропойте мантру «Ям», раскрывая эту энергию во все стороны.

6. **Активация Вишудхи (горловой чакры)**
   - Визуализируйте голубое сияние в области горла. Почувствуйте, как освобождается ваш голос, как исчезают все блоки, мешающие самовыражению. Используйте мантру «Хам».

7. **Открытие Аджны (чакры третьего глаза)**
   - Сосредоточьтесь на точке между бровями и визуализируйте яркий индиго-синий свет. Ощутите поток интуиции и внутреннего видения. Мантра «Ом» поможет усилить эту связь.

8. **Активация Сахасрары (коронной чакры)**
   - Представьте фиолетовое или белое сияние над макушкой головы. Почувствуйте, как энергия поднимается вверх, соединяя вас с высшим сознанием. Визуализируйте, как свет заполняет всё тело и выходит за его пределы, растворяя границы.

9. **Завершение и гармонизация**
   - Сделайте несколько глубоких вдохов, представляя, как энергия равномерно циркулирует через все чакры. Ощутите, как вы наполняетесь силой, спокойствием и ясностью.

Запишите свои ощущения после практики: где было трудно концентрироваться, где чувствовалось сопротивление? Какие чакры были активнее других? Это поможет вам отслеживать прогресс и замечать изменения в своём энергетическом состоянии.

Практические Рекомендации для Глубокой Работы

1. **Создайте ритуал** — выберите одно и то же время и место для практик. Это создаёт привычку и усиливает ваше восприятие.

2. **Используйте эфирные масла и музыку** — ароматы лаванды или сандала могут усилить расслабление, а мантры или звуки природы помогут углубить медитацию.

3. **Обращайте внимание на физические симптомы** — если вы чувствуете напряжение или боль в определённых областях тела, это может быть связано с энергетическими блоками. Используйте практики для их проработки.

4. **Не торопитесь** — работа с энергетикой требует времени и терпения. Не ожидайте мгновенных результатов; наслаждайтесь процессом исследования и открытия.

5. **Заземляйтесь после практики** — энергия может «всколыхнуть» эмоции и ощущения. После каждой сессии обязательно заземляйтесь: представьте, как вы отпускаете лишнюю энергию в землю, или просто походите босиком на природе.

<u>**Онлайн курс направленной медитации.**</u>[1]

---

1. https://courses.bodymind.care/courses/meditation

Глава 3: Диагностика Энергетического Состояния

Энергетический Профиль: Расшифровка Вашей Внутренней Композиции

Энергетический профиль человека – это его уникальный "код", который формирует основные черты характера, склонности, сильные и слабые стороны. Определение собственного энергетического типа помогает глубже понять себя, определить оптимальные практики для поддержания баланса и найти гармоничный образ жизни. В зависимости от преобладания стихийных элементов (огонь, вода, земля, воздух) или активности чакральных центров, можно выделить несколько категорий энергетических типов.

Это карта, которая позволяет вам видеть, как движется энергия в теле, какие чакры активны, а какие находятся в «спящем» режиме, какие стихийные элементы (огонь, вода, земля, воздух) доминируют в вашей жизни. Это понимание позволяет человеку осознать свои природные склонности и выстроить на их основе эффективные практики и ритуалы для поддержки энергии в повседневной жизни.

Стихийные Элементы и Энергетические Типы

1. **Тип Огонь:** Люди с преобладанием огненной энергии — это харизматичные, активные лидеры, всегда стремящиеся к действиям и результатам. Они буквально горят идеями, но могут быстро выгорать без надлежащего отдыха и заботы о себе.

Регулярные практики заземления и дыхательные упражнения помогут сбалансировать избыточную активность и предотвратить эмоциональное выгорание.

2. **Тип Вода:** Это интуитивные и чувствительные люди, склонные к глубоким эмоциям и переживаниям. Они легко

адаптируются к изменениям, но часто подвержены настроению и стрессам.

Практики работы с дыханием и медитации на спокойствие воды помогут восстановить баланс и защитить эмоциональное тело от перегрузок.

3. **Тип Земля:** Люди, устойчивые и надёжные, склонные к методичности и стабильности. Они могут казаться медлительными, но это те, на кого всегда можно положиться.

Используйте практики динамической медитации или танца, чтобы активизировать энергию и избежать застойных явлений.

4. **Тип Воздух:** Это мыслители, любопытные и открытые для новых идей, но иногда излишне оторванные от реальности. Их энергия подвижна, словно ветер, они склонны к переменам настроения и беспокойству.

Включайте в свой день физические практики, такие как йога или тайцзи, чтобы вернуться в тело и стабилизировать свою энергию.

Определение своего типа поможет вам выбрать подходящие практики и ритуалы, которые поддержат вашу жизненную силу и помогут избежать перегрузок.

Поиск и Устранение Энергетических Блоков

Энергетические блоки и дисбалансы нарушают гармонию человека на физических, эмоциональных и ментальных уровнях, порой приводя к хроническим заболеваниям, эмоциональной нестабильности и трудностям в мышлении. Они могут формироваться под влиянием стресса, эмоциональных травм или чрезмерной умственной нагрузки. Обнаружение и устранение таких блоков – это важный этап на пути к целостности и исцелению. Восстановление естественного потока энергии помогает освободить тело от застарелых блоков, наладить психоэмоциональное равновесие, вернуть гармонию в тело и сознание и раскрыть новые ресурсы для самореализации.

Типичные Симптомы Энергетических Блоков

1. **Хроническая усталость** — часто связана с застоями в области солнечного сплетения (Манипура). Это центр личной силы, и блокировка в этой области вызывает чувство бессилия и потери мотивации.

2. **Эмоциональные всплески** — указывают на застой в сердечной (Анахата) или горловой (Вишудха) чакрах. Не высказанные чувства и подавленный гнев могут проявляться в виде резких смен настроения и даже болей в груди или горле.

3. **Мышечное напряжение и боли** — часто вызваны энергетическими блоками в эфирном теле, особенно в зонах меридианов. Боль в спине или шее может быть признаком блоков в Ида или Пингала нади.

Методы Энергетического Сканирования

Энергетическое сканирование – это процесс изучения состояния энергетического поля человека, позволяющий увидеть скрытые блоки, дисбалансы и другие особенности энергосистемы. Различные методы сканирования помогают не только фиксировать общее состояние, но и глубже проникнуть в тонкости энергетического мира.

1. Визуальное Сканирование

- Наблюдение ауры: Начните с концентрации на контуре тела, попытайтесь уловить цветовые вспышки или изменения в поле. Аура может быть более яркой и плотной в здоровых зонах, и тусклой — в местах блоков.

- Цветовая диагностика: Каждый цвет ауры связан с определённым состоянием. Яркий зелёный — признак сердечной гармонии, тогда как мутный серый может указывать на застой и депрессию.

1. - Пальпаторное сканирование:

Метод заключается в ощупывании энергетических центров и меридианов, что позволяет физически ощутить блоки и нарушения потока энергии. Этот метод востребован среди практиков телесной терапии и целительства.

Работа с руками: Разотрите ладони, чтобы активизировать их чувствительность, затем медленно проведите руками над телом, ощущая изменения температуры, покалывания или напряжения.

Диагностика чакр: Ощупывайте области, соответствующие чакрам, и отмечайте, где чувствуется холод, плотность или болезненность — это признаки блоков или недостатка энергии.

1. - Интуитивное сканирование:

Этот подход основан на использовании интуиции и ясновидения для "чтения" информации о состоянии человека. Развивая чувствительность к тонким вибрациям, практик может "видеть" и чувствовать энергетику, что позволяет более точно определять проблемы и ресурсы.

Свободное наблюдение: Дайте себе время расслабиться и войти в медитативное состояние. Позвольте интуиции вести вас. Возможно, перед вашим мысленным взором появятся образы или символы, которые могут рассказать о состоянии энергетического поля.

Анализ ощущений: Если в процессе сканирования появляются резкие эмоции или физические ощущения, обратите внимание на их природу — это подсказки вашего тела.

Считывание Информационных Полей: Путешествие за Грань Настоящего

Информационные поля — это своего рода хроники Акаши, «библиотека», в которой хранится вся история души, её опыт и кармические связи. Это более глубокий уровень диагностики, который позволяет не только увидеть текущие блоки, но и понять их коренные причины.

Каждое живое существо и объект обладают своим уникальным информационным полем, или "энергетическим архивом", в котором зафиксированы сведения о прошлом, настоящем и потенциале будущего. Считывание информационных полей позволяет получить доступ к этим данным, выявить скрытые причины определенных жизненных событий, а также более тонко почувствовать собственное место во Вселенной. Этот метод требует высокой интуитивной чувствительности, ведь только тонкое восприятие позволяет видеть невидимое и работать с энергетическими связями.

- Техника погружения: Войдите в медитативное состояние, сосредоточив внимание на третьем глазе (Аджна). Представьте, что вы листаете страницы книги, где каждый символ или образ — это информация о вашем прошлом опыте, который оставил след в энергетическом поле.
- Анализ полученных данных: Записывайте все образы и ощущения, даже если они кажутся странными или бессмысленными. Впоследствии они могут раскрыться, предоставив вам важные подсказки.

Создание Энергетического Паспорта

Энергетический паспорт – это своего рода дневник, в котором человек фиксирует свои наблюдения за собственным энергетическим состоянием. Такой подход помогает отслеживать изменения и выявлять тенденции, что облегчает самодиагностику и помогает определять, какие практики эффективны для восстановления баланса.

1. Создание энергетического дневника: Введите привычку записывать наблюдения за своим энергетическим состоянием – это поможет структурировать информацию и отслеживать динамику. Разделите дневник на несколько разделов: общее состояние, работа с чакрами, физические ощущения, эмоциональное состояние, интуитивные образы.

2. Регулярная самодиагностика: Используйте визуализацию, пальпацию и интуицию, чтобы своевременно выявлять блоки и дисбалансы, которые могут накапливаться со временем.

3. Ретроспективный анализ : Периодически просматривайте свои записи, выявляя повторяющиеся схемы. Это позволит лучше понять своё энергетическое состояние и отметить области, которые требуют внимания.

4. План действий: На основе полученных данных составьте план действий для восстановления гармонии – это могут быть медитативные практики, дыхательные упражнения, уберите те, что вызывают дискомфорт, и уделите больше внимания блокам, требующим проработки.

Загадка Геопатогенных Зон: Что Скрывается за Невидимым Завесом?

Геопатогенные зоны – это не просто физические участки земли, которые обладают аномальными энергетическими характеристиками. Это места, в которых энергетическое поле Земли или искусственно созданные источники излучения создают условия, способствующие нарушению биологической гармонии живых существ. Эти зоны часто невидимы для обычного восприятия, но их воздействие на здоровье и психоэмоциональное состояние человека может быть колоссальным.

Важно понимать, что геопатогенные зоны могут иметь как длительное, так и краткосрочное воздействие на организм, а иногда они могут активировать скрытые болезни, связанные с прошлым, будь то кармическая нагрузка или негативные воспоминания из предыдущих жизней.

Их влияние может быть столь глубоким и многослойным, что воздействует не только на физическое состояние человека, но и на его эмоциональную, ментальную и даже духовную сферу. Это особые места, где встречаются энергетические потоки Земли и её геологические аномалии, а также следы истории, запечатленные в энергетическом слое планеты. Здесь сливаются физика, мистика и память веков, оставляя на теле и душе человека отпечатки невидимых, но ощутимых ран.

Природные Геопатогенные Зоны: Встреча Сил Земли и Времени

Природные геопатогенные зоны формируются благодаря уникальным геологическим, магнитным и гидрогеологическим процессам. Их влияние на человеческое тело может проявляться на разных уровнях: физическом, эмоциональном и энергетическом. Они могут служить катализаторами для активации скрытых заболеваний или эмоциональных травм.

1. Магнитные Аномалии: Врата в Коллективную Память

Магнитные аномалии — это участки земли, где магнитное поле Земли существенно отклоняется от нормы. В таких местах часто возникают боли в голове, бессонница, хроническая усталость и нервозность. Интересно, что такие зоны могут также стать мостом для переживаний из предыдущих жизней, особенно тех, что были связаны с насилием или войнами.

- Энергетический след войн и трагедий: Некоторые магнитные аномалии находятся в местах, где происходили исторические катаклизмы, войны или массовые страдания. Земля как будто запечатлела память о событиях, и люди, оказавшиеся в таких местах, могут испытывать необъяснимые чувства тревоги, страха или даже видения из прошлого. Это может быть связано с кармическими отпечатками, оставшимися от прошлых жизней, когда человек сам был участником или жертвой подобных событий.

2. Геологические Разломы: Энергетические Порталы Воспоминаний

Геологические разломы – это места, где земная кора претерпела сильные изменения. Эти зоны являются природными источниками напряженных энергетических полей, которые могут вызывать дисбаланс в энергетической системе человека. Иногда такие разломы могут служить «энергетическими порталами», через которые человек может переживать воспоминания и чувства из своих прошлых воплощений, особенно те, которые связаны с пережитыми травмами или страхами.

- Эффект "вспышек памяти": Люди, находящиеся в зонах разломов, могут неожиданно вспомнить фрагменты из своих прошлых жизней, особенно если они связаны с травмирующими событиями, такими как природные катастрофы или насильственные смерти. Эти места как будто активируют кармическую память, вытягивая на поверхность старые страхи и переживания, требующие исцеления.

3. Подземные Воды: Скрытые Реками Энергетики

Подземные воды, которые движутся в геологических слоях, создают электромагнитные поля, что также может повлиять на человека. Эти водные потоки могут быть связаны с кармическими задачами и могут проявляться в виде эмоциональных и физических недомоганий. Люди, живущие над такими водами, часто сталкиваются с повторяющимися ситуациями или незавершенными эмоциональными проблемами, которые их душа пытается разрешить через повторение событий. Эти скрытые потоки воды способны вызвать у людей ощущение тревоги, хроническую усталость и даже повторяющиеся кошмары.

- Кармические волны и незавершённые истории: Считается, что подземные воды могут нести в себе энергию и память об историях, произошедших на этих землях. Люди, проживающие в таких местах, часто замечают повторяющиеся жизненные сценарии, особенно те, которые связаны с незавершёнными эмоциональными или кармическими уроками. Это может быть связано с жизненными ситуациями из прошлых воплощений, которые требуют разрешения.

Искусственные геопатогенные зоны

В современном мире также появляются искусственные геопатогенные зоны, вызванные деятельностью человека. Эти зоны могут оказывать длительное воздействие на здоровье и эмоциональное состояние, а также вмешиваться в процессы самовосстановления организма.

1. Электромагнитное Загрязнение: Цифровая Токсичность

Источники электромагнитного излучения, такие как высоковольтные линии, мобильные вышки и другие приборы, создают невидимые энергетические поля, которые нарушают энергетическое равновесие в организме. Они могут стать причиной не только физических заболеваний, но и усиливать стресс, тревогу, а также эмоциональные блоки, которые могут быть следствием неразрешённых кармических задач из предыдущих жизней.

- Энергетические капканы: Люди, находящиеся под постоянным воздействием электромагнитного излучения, часто жалуются на чувство тревоги, беспричинный страх или депрессию. Это может быть следствием активации глубинных страхов, связанных с разрушительными событиями прошлого, особенно с техногенными авариями или войнами.

2. Зоны Экологического Загрязнения: Память о Разрушениях

Загрязненные участки, такие как промышленные зоны, свалки или водоемы, также создают геопатогенные зоны, где уровень токсичности и дисгармонии в энергетическом поле очень высок. Эти зоны могут активировать у человека память о пережитых экологических катастрофах или страданиях, связанных с утратами и бедствиями.

- **Экологическая карма:** Люди, оказавшиеся в таких местах, могут испытывать чувство безысходности, утраты или грусти, которые не имеют явных причин в текущей жизни. Это может быть признаком того, что их душа вспоминает прошлые воплощения, в которых они столкнулись с разрушениями природы или были свидетелями массовых страданий.

3. Радиация

Радиационные зоны, такие как те, что существуют в местах ядерных аварий, обладают крайне мощным воздействием на энергетику. В таких зонах можно ощутить не только физическую боль, но и эмоциональное напряжение, связанное с трагедиями прошлого, например, с переживаниями, связанными с потерей близких в результате радиационного заражения. Эти места становятся "ранеными участками" планеты, которые хранят в себе следы трагедий, разрушений и смерти.

- **Коллективная и личная травма:** Люди, побывавшие в таких зонах, часто ощущают не только физическую боль, но и глубокое эмоциональное напряжение, словно их душа «вспоминает» прошлые воплощения, связанные с ядерными катастрофами или массовыми бедствиями.

Защита и Исцеление: Практики для Нейтрализации Влияния Геопатогенных Зон

Работа с геопатогенными зонами требует глубокого понимания как физических, так и духовных аспектов. Эти зоны могут быть нейтрализованы с помощью комбинации очищающих ритуалов, духовных практик и технологий.

1. Заземление и работа с кристаллами: Использование таких камней, как турмалин, шунгит или гематит, помогает заземляться и нейтрализовать негативное воздействие. Эти кристаллы действуют как энергетические фильтры, поглощая и расщепляя вредные излучения.

2. Медитация и очищение пространства: Медитации на очищение и гармонизацию помогают восстанавливать энергетический баланс после воздействия геопатогенных зон. Использование шалфея, полыни или ладана для окуривания также эффективно для нейтрализации энергетических аномалий.

3. Работа с прошлыми жизнями: Практики регрессии и кармического исцеления могут помочь выявить и проработать глубинные страхи и паттерны, активирующиеся в геопатогенных зонах. Это позволяет освободиться от старых кармических отпечатков и восстановить гармонию.

Геопатогенные зоны — это сложные, многослойные феномены, которые затрагивают не только тело, но и душу. Осознанное взаимодействие с ними открывает возможность для глубокого самопознания и исцеления, помогая человеку раскрыть скрытые ресурсы и освободиться от невидимых оков прошлого.

Методы Очистки Пространства и Работа с Кармическими Связями

Процесс очищения пространства и проработки кармических задач — это больше, чем просто физические действия. Это осознанная практика, в которой сочетаются древние знания, интуиция и современные подходы. Важно помнить, что такие техники не просто нейтрализуют негатив, но и создают основу для глубоких трансформаций, улучшая качество жизни на всех уровнях.

Очищение Пространства: Создание Поля Гармонии

1. Очищение пространства

Очищение пространства от негативных энергий через использование ароматических масел, трав и благовоний – это один из наиболее эффективных способов восстановления гармонии. Энергетическая очистка может создать пространство, где энергия может свободно циркулировать, а негативные воспоминания или кармические связи, накопленные в геопатогенной зоне, будут нейтрализованы. Однако важно подходить к этому процессу с уважением, как к ритуалу, в котором каждый элемент имеет свою роль.

Использование трав и благовоний

- **Шалфей и полынь**: Эти травы традиционно используются для окуривания пространства. Дым шалфея устраняет тяжёлую энергетику, а полынь помогает защититься от негативных воздействий и очистить эмоциональный фон.

- **Пало Санто**: Древесина священного дерева Пало Санто известна своими очищающими и освежающими свойствами. Её дым создаёт атмосферу спокойствия и гармонии, способствуя медитативному состоянию.

- **Эфирные масла**: Использование масел лаванды, розмарина или эвкалипта не только освежает пространство, но и наполняет его энергией спокойствия и очищения. Достаточно нескольких капель в аромалампу или диффузор, чтобы изменить энергетику комнаты.

Ритуал очищения пространства

- **Подготовка:** Перед началом ритуала проветрите помещение, откройте окна и двери, чтобы создать поток воздуха.

- **Процесс:** Двигаясь по часовой стрелке, обходите пространство с дымом шалфея или пало санто, обращая особое внимание на углы и места, где может застаиваться энергия. Визуализируйте, как негативная энергия растворяется и уходит через окна или двери.

- **Завершение:** Завершите ритуал, поставив свечу в центре комнаты и поблагодарив пространство за его поддержку и защиту.

2. Использование Кристаллов: Энергетическая Защита и Баланс

Кристаллы обладают уникальными вибрациями, которые взаимодействуют с энергетическим полем человека и пространства, помогая гармонизировать и стабилизировать энергию. Важно выбрать кристаллы, которые резонируют именно с вашими потребностями и задачами.

Выбор кристаллов

- **Чёрный турмалин:** Это мощный защитный камень, который помогает абсорбировать негативную энергию и создаёт защитное поле вокруг пространства. Разместите его в углах комнаты или носите при себе для личной защиты.

- **Шунгит:** Камень известен своими свойствами нейтрализации электромагнитного излучения. Идеально подходит для размещения рядом с электроникой или в местах с высоким уровнем электромагнитных полей.

- **Аметист:** Камень духовной защиты и ясности ума. Он помогает успокоить эмоции и способствует медитативным состояниям. Разместите его рядом с местом для медитации или сна.

Активизация кристаллов

- **Очистка:** Перед использованием очистите кристаллы под проточной водой или оставьте их на ночь под лунным светом.

- **Программирование:** Держите кристалл в руках и сосредоточьтесь на намерении, которое хотите в него вложить. Это может быть защита, очищение или усиление интуиции. Визуализируйте, как ваше намерение наполняет кристалл светом.

- **Размещение**: Расположите кристаллы в местах с наибольшим энергетическим потоком, таких как входная дверь, рабочий стол или зона сна.

3. Фэн-Шуй: Поток Энергии и Пространственная Гармония

Фэн-шуй — это древнее китайское искусство создания гармонии в пространстве. Оно основывается на принципе циркуляции жизненной энергии — Ци, которая должна свободно течь, не встречая препятствий. Это особенно важно при работе с геопатогенными зонами, которые могут нарушать естественный поток энергии.

Принципы фэн-шуй для нейтрализации геопатогенных зон

- **Зеркала и кристаллы:** Использование зеркал и подвесных кристаллов может помочь перенаправить негативную энергию и восстановить баланс. Зеркала следует размещать так, чтобы они отражали свет и энергию, не направляя их на кровати или рабочие места.

- **Живые растения**: Растения — это естественные фильтры энергии. Разместите их в углах комнат, чтобы они поглощали негатив и излучали свежую, позитивную энергию. Особенно эффективны кактусы и фикусы, обладающие способностью абсорбировать вредные излучения.

- **Цвет и форма**: Использование цветовой палитры и форм, соответствующих стихиям (огонь, вода, земля, дерево, металл), поможет усилить определённые энергии и смягчить влияние негативных факторов.

4. Звуковая Терапия: Гармонизация Частот

Звуковая терапия — это мощный метод очистки, основанный на воздействии звуковых волн, которые изменяют вибрационные характеристики пространства и человеческого тела. Это может быть особенно полезно в местах, где ощущается застой энергии.

Методы звуковой очистки

- **Тибетские поющие чаши**: Их вибрации проникают в глубинные слои пространства, устраняя застоявшуюся энергию и создавая гармоничный резонанс. Начните с мягкого удара, а затем проведите палочкой по краю чаши, слушая, как звук заполняет комнату.
- **Колокольчики и звонки**: Использование колокольчиков создаёт вибрацию, которая может разрушить энергетические блоки и освежить пространство. Проходите по комнате, звеня колокольчиком, особенно в углах и местах с тяжёлой энергетикой.
- **Мантры и пение**: Пение мантр, таких как «Ом» или «Гаятри мантра», помогает выравнивать энергетическое поле, создавая частотный резонанс, который наполняет пространство светом и спокойствием.

Связи с Прошлыми Жизнями: Разгадка Кармических Узлов

Связи с прошлыми жизнями не просто интересная концепция, а реальность, которая может оказать значительное влияние на нашу жизнь. Эти связи могут проявляться через эмоциональные блоки, кармические задачи, а также в виде физических недомоганий, которые являются следствием неразрешённых ситуаций из предыдущих воплощений.

Кармических Задач

Работа с прошлыми жизнями — это не просто попытка заглянуть в тёмные уголки памяти, но и возможность распутать узлы, которые мешают нам жить полной жизнью. Часто кармические задачи проявляются через повторяющиеся жизненные сценарии или хронические недомогания, которые невозможно объяснить обычными методами.

- **Методы регрессии**: Погружение в прошлые жизни через регрессию может помочь осознать корни эмоциональных и физических блоков. Это позволяет увидеть, какие уроки не были усвоены, и найти способы их проработки.

- **Прощение и отпускание**: Прощение себя и других — один из важнейших шагов в работе с кармическими задачами. Это не просто освобождает от боли прошлого, но и открывает путь к новым возможностям и гармонии в настоящем.

- **Энергетическое очищение**: Использование практик, таких как рейки или шаманские ритуалы, может помочь избавиться от застарелых кармических отпечатков, которые блокируют естественный поток энергии и мешают росту.

Кармические Задачи: Уроки Души и Путь к Освобождению

Кармические задачи — это невидимые нити, связывающие наше настоящее с прошлым опытом, накопленным в предыдущих жизнях. Они отражают не только ошибки и нерешённые вопросы, но и ценные уроки, которые душа выбрала пройти в этом воплощении. Эти задачи часто проявляются через повторяющиеся жизненные сценарии, эмоциональные блоки или хронические заболевания. Кармическая работа позволяет осознать глубинные причины происходящего и найти путь к духовному росту и освобождению.

Типы Кармических Задач

1. **Повторяющиеся Жизненные Сценарии** Когда мы сталкиваемся с похожими проблемами раз за разом — будь то трудные отношения, финансовые затруднения или ситуации предательства, — это явный сигнал о кармической задаче. Повторение указывает на необходимость осознать свои глубинные убеждения и реакции, заложенные в прошлых жизнях.

   - **Пример:** Человек, который снова и снова оказывается в отношениях с контролирующими партнёрами, может нести в себе кармическую задачу проработки темы зависимости и силы воли. Возможно, в прошлом воплощении он жил в условиях жесткого подчинения и не смог найти свой голос.
   - **Практика осознания:** Ведите дневник, записывая свои жизненные паттерны и реакции.

Анализируйте, что повторяется и какие эмоции при этом возникают. Это поможет выявить глубинные кармические причины и начать их проработку.

1. **Эмоциональные Блоки: Эхо Непрожитых Чувств** Эмоциональные блоки часто являются результатом непрожитых чувств из прошлых жизней — боли, страха, стыда или утраты, которые остались неосознанными и подавленными. Эти блоки могут проявляться как беспричинные страхи, тревожные состояния или необъяснимая ненависть.

   ◦ **Пример**: Человек, который испытывает необъяснимый страх перед водой, возможно, в прошлом утонул или потерял близкого человека в водной стихии. Эти эмоциональные отпечатки остаются на уровне души и продолжают влиять на текущую жизнь.

   ◦ **Практика освобождения**: Используйте техники работы с телом, такие как дыхание и медитация, чтобы осознать и прожить подавленные эмоции. Визуализируйте прошлое событие, осознайте его и позвольте чувствам выйти наружу.

2. **Физические Недуги: Тело как Архив Кармы** Наше тело — это своего рода «энергетический архив», где хранятся отпечатки кармических долгов. Иногда хронические заболевания или повторяющиеся боли могут быть связаны с прошлыми воплощениями, в которых человек пережил травмы, насилие или тяжёлую смерть.

   ◦ **Пример**: Боль в шее или спине может быть связана с казнью через повешение в прошлом, а хронические боли в животе — с травмой от оружия. Такие физические симптомы — это напоминания о кармических уроках, которые требуют осознания и проработки.

- **Практика исцеления**: Используйте медитативные техники и телесные практики, такие как йога или рейки, чтобы снять напряжение и освободить энергию, застрявшую в теле. Попробуйте визуализировать прошлую травму и сознательно «отпустить» её, позволяя телу исцелиться.

Работа с Кармическими Блоками: Осознанное Освобождение

Проработка кармических блоков требует особого внимания и чувствительности, так как они часто находятся глубоко в подсознании. Это процесс осознания и трансформации, который позволяет не только освободиться от старых уз, но и выстроить новую линию жизни, свободную от ограничений прошлого.

Шаги по Проработке Кармических Блоков

1. **Осознанность и Самонаблюдение** Первым шагом в проработке кармических задач является осознание повторяющихся сценариев и эмоциональных реакций. Замечайте, что вызывает сильные чувства или неприятные воспоминания. Это и есть точки кармических узлов, которые требуют внимания.

   - **Практика**: Ведите дневник осознанности, записывая свои реакции на различные события и людей. Это поможет выявить паттерны и связанные с ними эмоции, которые могут быть следствием кармических связей.

2. **Прощение и Отпускание** Прощение — это ключ к исцелению кармических узлов. Это не значит забыть или оправдать, а скорее признать боль и сознательно выбрать её отпустить. Это позволяет освободить душу от тяжести прошлого и открыть путь к новым возможностям.

   - **Практика прощения**: Найдите тихое место, закройте глаза и визуализируйте человека или ситуацию, вызывающую боль. Произнесите про себя: «Я прощаю тебя и отпускаю все, что связывает нас. Пусть наша связь будет исцелена». Повторяйте до тех пор, пока не почувствуете внутреннее облегчение.

3. **Энергетическое Исцеление и Работа с Травмами**

Использование энергетических практик, таких как рейки, шаманизм или кристаллотерапия, помогает проработать глубинные кармические блоки на уровне тела и души. Эти методы воздействуют на энергетические центры и меридианы, восстанавливая естественный поток энергии.

- **Практика рейки**: Положите руки на те участки тела, где ощущается боль или напряжение. Представьте, как светлая энергия наполняет это место, растворяя блоки и принося исцеление. Позвольте себе ощутить тепло и расслабление, позволяя энергии свободно течь.

Связь Кармических Задач с Геопатогенными Зонами

Интересный аспект кармической работы заключается в её связи с геопатогенными зонами. Эти места могут «вытягивать» на поверхность скрытые кармические задачи, активируя их через физические и эмоциональные проявления. Если вы чувствуете необъяснимый дискомфорт в определённом месте, это может быть связано с тем, что ваша душа сталкивается с памятью о прошлых жизнях, связанных с этим местом.

- **Пример**: Места, где произошли битвы или катастрофы, могут нести в себе следы коллективной кармы, которые могут активировать у человека воспоминания и эмоциональные реакции, связанные с его прошлым опытом. Эти зоны становятся своего рода «катализатором» для проработки кармических узлов.

Завершение Кармических Задач: Путь к Духовному Освобождению

Освобождение от кармических долгов — это не только акт личного исцеления, но и шаг к духовной свободе и просветлению. Это процесс, в котором человек учится осознанно проживать свои уроки, отпускать прошлое и двигаться к новому уровню понимания и любви.

- **Построение Нового Пути** Когда кармические задачи осознаны и проработаны, вы получаете возможность начать с чистого листа, построив жизнь на основе новых убеждений и ценностей. Это время для пересмотра своих целей и создания новой линии жизни, свободной от влияния прошлого.

- **Углубление Духовной Практики** Прохождение кармических уроков открывает двери к более глубоким уровням духовного опыта. Медитации, йога, работа с интуицией и энергетическими техниками помогут укрепить вашу связь с высшим Я и двигаться к гармонии и просветлению.

Работа с кармическими задачами — это путь, полный вызовов, но он ведёт к внутреннему освобождению и обретению подлинного смысла жизни.

<u>Читайте книгу: Понимание кармы</u>[1]

---

1.   https://ko-fi.com/s/100e1659e4

Цели и Инструменты Энергетической Диагностики: Глубокое Понимание Болезней и Путь к Исцелению

Причины Болезней на Тонком Плане

Современная медицина сосредоточена на лечении симптомов на физическом уровне, однако энергетическая медицина рассматривает болезни как отражение глубоких дисбалансов, берущих начало на тонком плане.

Энергетическое поле человека, как живое информационное пространство, накапливает эмоциональные травмы, блоки, негативные убеждения и подавленные чувства, которые постепенно ослабляют физическое тело. Неразрешенные внутренние конфликты, длительный стресс и хронические негативные эмоции создают энергетические искажения, которые со временем проявляются как болезни тела. Осознание этих тонких причин позволяет изменить подход к оздоровлению и перейти к работе с первопричинами, а не только с последствиями.

Это позволяет перейти к более глубинной работе, затрагивающей корни недомоганий — эмоциональные травмы, внутренние конфликты и кармические задачи.

Болезни на Тонком Плане: Природа Дисбаланса

Энергетическая медицина утверждает, что каждое чувство и мысль обладают определенной вибрацией, способной создавать как здоровье, так и болезни. Негативные эмоции, такие как гнев, страх, обида или тревога, формируют плотные энергетические блоки, которые препятствуют гармоничному движению энергии.

Энергетическая диагностика ставит своей целью выявить и устранить первопричины заболеваний на уровне тонких тел, задолго до их проявления на физическом уровне. В отличие от традиционной медицины, фокусирующейся на лечении симптомов, энергетический подход стремится к целостному оздоровлению, распознавая болезни как сигналы дисбаланса в энергетическом поле человека.

Энергетическое поле человека — это живое информационное пространство, состоящее из слоёв (эфирное, эмоциональное, ментальное, каузальное), где каждая мысль, эмоция и убеждение оставляют свой след. Болезни на физическом уровне являются лишь вершиной айсберга, скрывающего глубокие энергетические искажения. Эти искажения возникают из-за подавленных чувств, стрессов, негативных установок и кармических узлов, которые накапливаются в энергетическом поле, создавая блоки и нарушая свободное движение жизненной силы.

Основные причины заболеваний на тонком плане:

1. Подавленные эмоции: Непрожитые чувства, такие как страх, гнев, обида, оседают в энергетическом поле, создавая плотные блоки, которые нарушают поток энергии и ослабляют соответствующие органы.

2. Негативные убеждения: Укоренившиеся в подсознании убеждения, например, "я не заслуживаю любви" или "я слаб", создают энергетические паттерны, которые формируют обстоятельства жизни и могут вызывать болезни.

3. Кармические долги: Задачи, не решённые в прошлых жизнях, оставляют энергетические отпечатки, которые проявляются в текущем воплощении в виде хронических заболеваний или повторяющихся жизненных ситуаций.

4. Энергетическое загрязнение: Постоянный контакт с негативными людьми или пребывание в геопатогенных зонах может истощать защитное поле и снижать иммунитет.

Работая с эмоциями через осознанность, медитацию и визуализацию, мы можем растворять энергетические блоки, восстанавливать внутренний баланс и освобождать себя от болезней на более глубоком уровне.

Связь Эмоций и Заболеваний: Эмоциональные Отпечатки на Теле

Энергетическая медицина подчёркивает, что каждая эмоция обладает уникальной вибрацией и воздействует на определённые части тела, создавая соответствующие паттерны заболеваний. Неразрешённые эмоции остаются в энергетическом поле и постепенно проявляются как физические симптомы.

Примеры эмоциональных отпечатков:

- **Подавленный гнев:** Ассоциируется с заболеваниями печени, такими как гепатит или цирроз. Гнев блокирует поток энергии в области солнечного сплетения, создавая застой.

- **Хронический страх:** Влияет на почки и мочевой пузырь, что может привести к проблемам с давлением, мочекаменной болезни или хроническим инфекциям.

- **Грусть и тоска:** Связаны с лёгкими и могут проявляться в виде астмы, бронхита или других респираторных заболеваний.

- **Чувство вины:** Влияет на пищеварительную систему и может вызывать язвы, гастриты или хронический колит.

Методы Энергетической Диагностики: Взгляд За Грань Видимого

Энергетическая диагностика – это способ "просканировать" энергетическое состояние организма, выявить скрытые дисбалансы, которые со временем могут проявиться как физические недуги. Методы диагностики помогают увидеть энергетические нарушения до их проявления на телесном уровне, давая шанс предотвратить болезни на раннем этапе.

- **Анализ ауры:** Изучение цвета, плотности и структуры ауры помогает понять состояние физического, эмоционального и духовного здоровья. Поникшая, тусклая аура может указывать на хронический стресс или болезни, или эмоциональное истощение, тогда как сияющая аура отражает благополучие и внутреннюю гармонию.
  - Осознанное наблюдение ауры с помощью визуализации или при помощи ауроскопа позволяет увидеть дисбалансы и участки энергетического «застоя».
- **Диагностика чакр:** Исследование состояния чакр позволяет выявить дисбалансы в ключевых энергетических центрах. Каждая чакра связана с определенными органами и эмоциями, а значит, дисбаланс в чакре может указывать на заболевания или подавленные эмоции.
  - Блокировка в сердечной чакре (Анахата) может проявляться как проблемы с сердцем или лёгкими, а также трудности в отношениях и

недостаток сострадания.

- **Пальпация меридианов:** Этот метод позволяет на ощупь "читать" энергетические потоки в теле, помогая выявить блоки в меридианах, каналах, по которым циркулирует энергия Ци или Прана. Это особенно полезно для оценки состояния внутренних органов.
  - ◦ Лёгкое прикосновение и ощупывание меридианов позволяет оценить их состояние. При наличии блока ощущается холод, напряжение или пульсация.
- **Интуитивное сканирование:** Используя развивающиеся способности к ясновидению и интуиции, можно воспринимать тонкие энергии и получать информацию о скрытых причинах недомоганий.
  - ◦ Перед сканированием проведите медитацию для усиления интуитивных способностей, сосредоточьтесь на образах и ощущениях, которые появляются во время диагностики.

Методы Энергетического Исцеления: Восстановление Потока Жизненной Силы

После выявления дисбалансов наступает этап исцеления, который направлен на восстановление потока энергии и устранение первопричин заболеваний.

Энергетическое исцеление направлено на восстановление свободного потока энергии в теле, устранение первопричин заболеваний и улучшение качества жизни. Существует множество методов, которые можно комбинировать для наиболее глубокого и устойчивого эффекта.

- **Рейки:** Это техника передачи энергии через ладони. Проводник энергии направляет поток универсальной жизненной энергии в тело пациента, помогая убрать блоки, восстановить энергетический баланс и активизировать внутренние силы исцеления.

- **Шаманизм:** Глубинные практики, такие как работа с духовными сущностями, ритуалы очищения и изменённые состояния сознания помогают устранить глубинные травмы и кармические узлы, путешествия в другие миры, могут устранить причины болезней на духовном и эмоциональном уровне, исцеляя энергетику человека через взаимодействие с силами природы и духами.

- **Цветотерапия:** Различные цвета обладают уникальными вибрациями, которые могут влиять на эмоциональное состояние и баланс чакр. Например, синий цвет помогает успокоить ум и гармонизировать горловую чакру, а зелёный цвет благоприятен для сердечного центра и чувства любви.

- ○ Медитируйте, представляя цвет, соответствующий заблокированной чакре, визуализируя его очищающую силу.

- **Звуковая терапия:** Вибрации определенных звуков (мантр, тибетских чаш, колоколов) могут восстанавливать целостность энергетического поля, гармонизировать чакры и улучшать физическое и психическое здоровье.
- **Травматическое освобождение:** Техника, позволяющая освободить подавленные эмоции и травмы через специальные дыхательные и телесные практики. Избавляясь от старых травм и подавленных чувств, человек высвобождает застоявшуюся энергию и позволяет себе двигаться вперед, свободно и с новыми силами.

Практическое Руководство по Энергетической Диагностике и Исцелению

Энергетическая работа — это искусство, требующее не только знаний и техники, но и чувствительности к своему телу и сознанию. Эти практики помогут вам развить способность распознавать и устранять энергетические блоки, восстанавливать внутренний баланс и углубить связь с собой на более глубоком уровне.

1. Медитация: Погружение в Спокойствие и Восстановление Потока Энергии

Медитация — это основа энергетической работы, способствующая гармонизации ума и тела. Когда вы позволяете себе замедлиться и сосредоточиться на своём дыхании, ваше сознание очищается, а энергетические потоки восстанавливаются.

Практика медитации для восстановления энергии:

- Найдите тихое место, где вас никто не потревожит. Сядьте с прямой спиной, закройте глаза и расслабьтесь.
- Сконцентрируйтесь на своём дыхании. Вдыхайте медленно и глубоко, представляя, как вы вдыхаете чистую, светлую энергию, а на выдохе отпускаете все напряжение и негатив.
- Представьте, что вы окружены светом, который проникает в каждую клетку вашего тела, наполняя её жизненной силой. Почувствуйте, как этот свет очищает ваше энергетическое поле и выравнивает чакры.
- Проводите в этом состоянии 10-15 минут, постепенно углубляя расслабление и ощущение внутреннего покоя.

2. Визуализация: Активизация Чакр и Растворение Блоков

Визуализация — это мощный инструмент, позволяющий напрямую взаимодействовать с энергетическим полем через образы и свет. Эта практика активизирует подсознательные процессы исцеления и помогает устранить застоявшиеся блоки.

Практика очищения и активации чакр:

- Представьте мощный поток белого света, исходящий из космоса и проникающий через макушку головы (Сахасрара). Этот свет начинает медленно опускаться, проходя через каждую чакру.

- Мысленно "сканируйте" каждую чакру: представляйте её цвет и форму. Если цвет мутный или чакра выглядит деформированной, направьте поток света в эту зону, визуализируя, как чакра очищается и становится яркой.

- Закончите практику, визуализируя, как энергия свободно циркулирует по всему телу, наполняя его силой и гармонией.

3. Аффирмации: Перепрограммирование Подсознания на Исцеление

Аффирмации — это позитивные установки, которые помогают изменить негативные мысли и убеждения, блокирующие поток энергии и вызывающие болезни. Повторяя аффирмации, вы перепрограммируете своё подсознание, создавая условия для исцеления.

Эффективные аффирмации для здоровья и баланса:

- "Я принимаю и отпускаю все негативные эмоции. Моё тело исцеляется естественным образом."

- "Каждая клетка моего тела наполнена светом и энергией. Я чувствую себя здоровым и полным сил."

- "Я отпускаю страхи и сомнения, наполняясь любовью и

благодарностью."

Повторяйте аффирмации каждый день, особенно перед сном и после пробуждения, когда ваше сознание наиболее восприимчиво.

4. Дыхательные Упражнения: Ускорение Потока Энергии

Дыхание — это мост между телом и духом. Осознанное, глубокое дыхание активизирует энергетические каналы, улучшает циркуляцию энергии и помогает снять напряжение.

Практика глубокого дыхания для активации жизненной силы:

- Сядьте в удобное положение с прямой спиной и закройте глаза. Сделайте глубокий вдох через нос, наполняя лёгкие полностью.
- Задержите дыхание на несколько секунд, представляя, как энергия проникает в каждую клетку вашего тела.
- Медленно выдыхайте через рот, отпуская все накопившиеся эмоции и напряжение.
- Повторите цикл 10-15 раз, чувствуя, как тело наполняется свежей энергией и расслабляется.

5. Ежедневное Сканирование Энергетического Состояния: Сознательное Самоисследование

Ежедневное сканирование — это простая практика, позволяющая отслеживать изменения в вашем энергетическом поле и своевременно выявлять блоки или дисбалансы.

Как проводить сканирование:

- Вечером, перед сном, сядьте спокойно и закройте глаза. Ведите вниманием по всему телу, начиная с макушки и заканчивая стопами.
- Замечайте любые ощущения: покалывание, холод, тепло, напряжение. Эти признаки могут указывать на наличие

блоков или энергетических дисбалансов.

- Записывайте свои наблюдения в дневник. Отмечайте повторяющиеся ощущения и изменения, которые происходят после практик.

6. Комбинирование Методов: Синергия для Глубокого Исцеления

Каждый метод энергетической диагностики и исцеления имеет свои сильные стороны, но их комбинирование даёт ещё более мощный эффект. Попробуйте сочетать медитацию с дыхательными упражнениями или визуализацию с аффирмациями для более глубокого воздействия.

Пример комплексной практики:

- Начните с медитации, чтобы успокоить ум и подготовить тело.
- Затем переходите к дыхательным упражнениям, активизируя поток энергии.
- После этого проведите визуализацию, очищая чакры и растворяя блоки.
- Завершите практику повторением аффирмаций, закрепляя изменения на уровне подсознания.

7. Личный Ритуал Очищения: Создайте Пространство Гармонии и Защиты

Создание ритуала очищения — это способ стабилизировать ваше энергетическое поле и защититься от внешних негативных воздействий.

Ритуал очищения:

- Выберите время, когда вас никто не побеспокоит. Зажгите свечу и используйте благовония, такие как шалфей или пало санто, чтобы очистить пространство.

- Закройте глаза и представьте, как белый свет окутывает вас, создавая защитный кокон.
- Пройдите по комнате, звеня колокольчиком или звуча тибетской чашей, очищая её от негативной энергии.
- Завершите ритуал, поблагодарив пространство за поддержку и наполнив его светом и любовью.

Энергетическая диагностика и исцеление — это не просто техники, это глубокий процесс самоисследования и трансформации. Регулярная практика поможет вам развить чувствительность к своему телу, распознавать признаки дисбалансов и восстанавливать гармонию на всех уровнях.

Это путь, который требует осознанности, терпения и доверия к своим внутренним ощущениям, но он приносит глубокие плоды в виде здоровья, покоя и духовного роста.

Выходя за рамки физического тела и заглядывая в тонкий мир энергии, вы начинаете понимать, что настоящая сила и здоровье заключаются в единстве тела, ума и духа.

Глава 5. Энергетическая Геометрия: Влияние Форм и Символов на Пространство и Внутренний Мир

Энергетическая геометрия — это учение о том, как формы, структуры и символы влияют на энергетику человека и его окружение. Это концепция, объединяющая древние знания сакральной геометрии, фэн-шуй, а также современные исследования о влиянии геометрических паттернов на психику и физическое состояние. Геометрия не просто определяет физическую форму объектов, она также создаёт резонансные поля, которые могут усиливать или подавлять жизненную силу, влиять на эмоции и сознание.

Влияние Геометрических Форм на Энергетику

1. Круги и Сферы: Символ Целостности и Гармонии

Круг является одним из древнейших символов, встречающихся во всех культурах мира. Он символизирует бесконечность, единство, цикл жизни и целостность. Круговые формы создают ощущение безопасности и расслабления, способствуют гармонизации пространства и восстанавливают внутренний баланс.

- **Энергетическое воздействие:** Круги и сферы активизируют энергию сердечной чакры (Анахата), создавая поле принятия, любви и спокойствия. Они также помогают выравнивать потоки энергии, устраняя резкие переходы и острые углы, которые могут быть источниками энергетического напряжения.
- **Практическое применение:** Использование круглых элементов в интерьере — зеркал, ковров, столов — способствует созданию уютного, защищённого пространства. Сферические предметы, такие как хрустальные шары, часто используются в медитациях для усиления фокусировки и очищения сознания.

2. Треугольники и Пирамиды: Символ Трансформации и Силы

Треугольник — это символ динамики и развития. Он используется в сакральной геометрии как основа для создания пирамидальных структур, которые считаются мощными энергопроводниками. Пирамида — это структура, концентрирующая энергию в своей вершине, что делает её идеальной для усиления концентрации и духовных практик.

- **Энергетическое воздействие:** Треугольники и пирамиды активизируют энергию манипуры (чакры солнечного сплетения), усиливают волю и способность к трансформации. Они направляют энергию вверх, способствуя духовному росту и расширению сознания.
- **Практическое применение:** Размещение пирамидальных объектов в доме или офисе помогает направлять и усиливать потоки энергии, создавая фокус для медитаций и ментальной концентрации. Пирамиды из кристаллов, таких как кварц, усиливают энергетическое поле и используются для очистки пространства.

3. Квадраты и Прямоугольники: Символ Порядка и Стабильности

Квадрат и прямоугольник — это формы, символизирующие устойчивость, порядок и структурированность. Эти формы создают ощущение безопасности и организованности, помогают сосредоточиться и оставаться на земле.

- **Энергетическое воздействие:** Квадратные формы стабилизируют энергию муладхары (корневой чакры), поддерживая физическую выносливость и чувство защищённости. Они также способствуют ясности ума и структурированному мышлению.
- **Практическое применение:** Включение квадратных и прямоугольных элементов в интерьер, таких как столы, полки и картины, помогает создать стабильную, организованную атмосферу, идеальную для работы и выполнения задач, требующих концентрации.

4. Спирали и Вихри: Символ Эволюции и Потока

Спирали — это символы движения и развития, они отражают процессы роста, расширения и трансформации. Эти формы часто встречаются в природе (раковины, галактики, ДНК) и обладают мощным энергетическим воздействием, способствующим переменам и духовному росту.

- **Энергетическое воздействие:** Спирали активизируют энергию сушумны (центрального канала), помогая гармонизировать правую (пингала) и левую (ида) нади. Они символизируют бесконечный процесс трансформации и помогают освободиться от старых паттернов мышления.
- **Практическое применение:** Использование спиральных украшений или рисунков в медитациях помогает усиливать процессы исцеления и саморазвития. Спиральные элементы в интерьере могут стимулировать поток энергии и поддерживать атмосферу творчества и изменений.

Применение Энергетической Геометрии в Повседневной Жизни

Фэн-шуй: Искусство Баланса и Гармонии

Фэн-шуй — это древняя китайская практика, основанная на использовании форм и направлений для управления потоком энергии Ци. Правильное расположение мебели, использование геометрических символов и учёт природных элементов помогают создать гармоничное пространство, способствующее здоровью и благополучию.

Используйте круглые предметы в зонах отдыха, треугольные или пирамидальные элементы — в рабочих пространствах, чтобы активизировать энергию, а квадратные формы — в местах хранения для создания порядка и стабильности.

Сакральная Геометрия: Священные Формы для Духовного Развития

Сакральная геометрия использует символы, такие как Цветок Жизни, Куб Метатрона и Фракталы, для настройки пространства и сознания на высшие вибрации. Эти символы содержат в себе кодированные паттерны Вселенной и помогают подключиться к её гармонии.

Разместите изображения сакральных символов в местах для медитации или практик, чтобы усилить поток энергии и способствовать глубокому духовному опыту. Использование мандал и янтр в медитациях помогает фокусировать ум и усиливать интуитивное восприятие.

Влияние Мыслей и Эмоций на Энергетику Пространства

Энергетическая геометрия включает не только физические формы, но и вибрации мыслей и эмоций, которые создают своё собственное поле и могут воздействовать на окружающее пространство.

- **Позитивные мысли и эмоции:** Поддержание доброжелательного настроя и благодарности создаёт гармоничные энергетические структуры, усиливающие благополучие и здоровье.
- **Негативные эмоции и стресс:** Раздражение, страх и гнев создают хаотичные энергетические поля, которые могут блокировать потоки энергии, создавая застой и снижая вибрации.

Энергетическая геометрия — это мощный инструмент для настройки вашего пространства и сознания. Использование правильных форм и символов, а также осознанное отношение к мыслям и эмоциям создаёт гармоничную среду, поддерживающую ваше физическое и духовное здоровье.

Создавайте вокруг себя пространство, которое резонирует с вашей внутренней сутью, выбирайте формы, которые усиливают ваши цели и стремления, и культивируйте позитивные мысли, чтобы жить в потоке энергии, направленной на рост и развитие.

Глава 5. Энергетическое питание: Продукты и подходы для повышения жизненной силы

Питание — это не просто процесс насыщения тела, но и фундаментальный источник жизненной силы, влияющий на наше физическое, эмоциональное и духовное состояние. В восточных традициях говорят, что пища — это материализованная форма энергии, и её качество напрямую влияет на уровень наших вибраций и общее самочувствие.

Оптимальный энергетический баланс достигается не только за счёт выбора полезных продуктов, но и благодаря пониманию их взаимодействия с нашими энергетическими центрами (чакрами). В этом разделе мы рассмотрим, какие продукты усиливают нашу жизненную силу, какие её подавляют, а также предложим практические рекомендации для улучшения рациона.

Продукты, усиливающие энергетику

Эти продукты помогают восстановить жизненную силу, поддержать баланс в организме и активизировать энергию, необходимую для высокой продуктивности и духовного роста.

1. Фрукты и овощи: Живая энергия природы

Фрукты и овощи — это богатейшие источники антиоксидантов, витаминов и минералов. Они содержат большое количество праны — жизненной силы, особенно если они свежие, сезонные и органические. Каждый фрукт и овощ несёт свою вибрацию и воздействует на определённые чакры.

- **Цитрусовые (лимоны, апельсины, грейпфруты):** Эти фрукты наполняют тело витамином С, поддерживают иммунитет и очищают энергетические каналы. Лимон, например, активизирует манипуру (чакру солнечного сплетения), помогая улучшить пищеварение и повысить уровень энергии.

- **Листовые зелёные овощи (шпинат, капуста кейл):** Богаты магнием и железом, они активизируют сердечную чакру (анахата), способствуя гармонии и чувству лёгкости. Они поддерживают здоровое состояние сосудов, улучшая приток энергии.

- **Красные и оранжевые овощи (свёкла, морковь):** Усиливают энергию корневой чакры (муладхара), придавая телу стабильность и силу. Морковь богата бета-каротином, поддерживающим здоровье глаз и иммунитета.

2. Цельнозерновые продукты: Устойчивый источник энергии

Цельные злаки, такие как овсянка, киноа, гречка и коричневый рис, содержат сложные углеводы, которые медленно расщепляются и поддерживают стабильный уровень сахара в крови.

- **Овсянка:** Обеспечивает долгосрочную энергию, стабилизирует уровень сахара и активизирует энергию манипуры, улучшая пищеварение.
- **Киноа:** Этот древний злак богат аминокислотами и идеально подходит для поддержания энергии в течение дня. Его употребление стимулирует жизненные процессы и поддерживает работу всех чакр.

3. Орехи и семена: Силы Земли в каждой горстке

Орехи и семена содержат полезные жиры, белки и минералы, такие как магний и омега-3 жирные кислоты.

- **Миндаль и грецкие орехи:** Источники омега-3 и магния, они поддерживают работу мозга и активизируют энергии аджны (чакры третьего глаза).
- **Семена чиа и льна:** Содержат антиоксиданты и клетчатку, помогают улучшить пищеварение и поддерживают циркуляцию энергии. Они гармонизируют пингала нади (солнечный канал), поддерживая активность и креативность.

4. Рыба и морепродукты: Океанская энергия для мозга

Рыба, особенно лосось, сардины и тунец, насыщена омега-3 жирными кислотами, которые поддерживают здоровье сердца, сосудов и мозга.

- **Лосось:** Это «мозговая пища», богатая докозагексаеновой кислотой (DHA), которая поддерживает когнитивные функции и улучшает память.

Лосось помогает активизировать вишудху (горловую чакру), улучшая самовыражение и творчество.

5. Ягоды: Антиоксидантная защита и повышение вибраций
Ягоды, такие как черника, малина и клубника, являются сильными антиоксидантами, способствующими защите клеток и восстановлению энергии.

- **Черника:** Улучшает зрение и активизирует аджну, способствуя интуитивным озарениям. Она также поддерживает функции нервной системы и помогает бороться с усталостью.
- **Малина и клубника**: Ягоды для сердечной чакры, наполняют энергией любви и радости, улучшают кровообращение и способствуют детоксикации.

Продукты, подавляющие энергетику

Некоторые продукты могут блокировать потоки энергии, создавать застой в чакрах и снижать вибрации организма.

1. Сахар и сладости: Энергетические качели

Рафинированный сахар вызывает резкие скачки уровня глюкозы в крови, что приводит к «энергетическим качелям» и истощению жизненной силы.

Сахар перегружает поджелудочную железу и нарушает работу манипуры, создавая зависимость и мешая естественному потоку энергии.

2. Переработанные продукты: Загрязнение тела и духа

Фастфуд, полуфабрикаты и закуски содержат консерванты и трансжиры, которые замедляют обмен веществ и засоряют энергетические каналы.

Переработанные продукты подавляют работу всех чакр, вызывают застой энергии и способствуют накоплению токсинов.

3. Чрезмерное употребление кофеина: Ложный источник бодрости

Кофеин может временно повысить уровень энергии, но его избыток истощает надпочечники и вызывает повышенную тревожность.

Кофеин стимулирует работу вишудхи, но истощает надпочечники, ослабляя муладхару и снижая устойчивость к стрессу.

4. Алкоголь: Разрушитель энергетического поля

Алкоголь вызывает обезвоживание, нарушает работу печени и ослабляет защитное поле ауры.

Алкоголь блокирует работу аджны и сахасрары, затрудняя доступ к интуитивным озарениям и духовной энергии.

5. Жирная и тяжёлая пища: Энергетическая нагрузка на тело

Жирная пища, особенно жареная, перегружает систему пищеварения и требует большого количества энергии на переваривание.

Такая пища ослабляет манипуру и замедляет процессы трансформации энергии, вызывая ощущение тяжести и апатии.

Рекомендации для энергетического питания

1. Слушайте своё тело: Ваше тело знает, что ему нужно. Обращайте внимание на то, как вы себя чувствуете после приёма пищи, и выбирайте продукты, которые придают силы и лёгкость.

2. Интуитивное питание: Позвольте интуиции направлять ваш выбор. Чаще выбирайте продукты, которые кажутся вам наиболее «живыми» и свежими.

3. Практикуйте осознанность во время еды: Ешьте медленно, наслаждаясь каждым кусочком, ощущая вкус и текстуру пищи. Это улучшает пищеварение и позволяет вашему телу лучше усваивать энергию.

Энергетическое питание — это не диета, а образ жизни, который помогает поддерживать высокий уровень жизненной силы, укрепляет здоровье и усиливает духовное развитие.

Индивидуальные Энергетические Диеты: Питание по Личному Энерготипу

Энергетическая диета подбирается индивидуально и должна учитывать природный энергетический тип, физическое состояние и цели. В основе лежит идея, что каждому энергетическому типу – например, огню, воде, воздуху и земле – подходят продукты, поддерживающие его баланс и компенсирующие возможные недостатки. Такой подход позволяет избегать шаблонных решений и питаться с учетом особенностей организма.

1. **Определение энергетического типа:**

Люди с преобладающей энергией огня, например, могут извлечь пользу из согревающих продуктов, таких как специи и рыба, чтобы поддержать внутреннее тепло и жизненный тонус. Напротив, тип «вода» лучше чувствует себя с легкими и охлаждающими продуктами, такими как фрукты, ягоды и зелень, которые предотвращают накопление лишней влаги и замедление процессов.

1. **Учет сезонности:**

Питание, согласованное с сезонами года, помогает организму адаптироваться к изменениям в природе. Летом идеальна легкая, освежающая пища, насыщенная водой, витаминами и минералами, в то время как зимой предпочтительнее согревающая и сытная, что помогает поддерживать тепло и защиту организма.

1. **Интуитивное питание:**

Прислушиваясь к потребностям тела, можно точно определить, что именно поддерживает энергию. Интуитивное питание помогает установить глубокую связь с собственными потребностями, находя продукты, которые дают силы и радость.

Пост и Очищение: Возрождение Энергии

Практика поста существует во многих культурах и традициях и является древним методом очищения и восстановления тела и духа. Пост дает пищеварительной системе отдых, способствует выведению токсинов, обостряет интуицию и укрепляет энергетическое поле, что ведет к обновлению и гармонизации всех уровней нашего существа.

- **Разнообразие постов:** Существуют полные и частичные посты, такие как периодическое голодание, отказ от отдельных групп продуктов, водные и сухие посты. Каждый тип поста оказывает уникальное воздействие на организм и может быть адаптирован под цели очищения или духовного роста.

- **Очищение организма:** В ходе поста организм освобождается от накопленных токсинов, обновляются клетки, что способствует легкости и улучшению здоровья. Чистое тело накапливает энергию, освобождая её для восстановления и жизнедеятельности.

- **Духовное развитие:** Пост создает внутреннюю тишину, необходимую для связи с собой и Вселенной. Периоды поста усиливают осознанность, развивают интуицию и помогают сосредоточиться на духовных аспектах жизни.

Сезонное Питание: Единение с Природой

Сезонное питание, или выбор местных продуктов, созревающих в определенное время года, позволяет настроить питание в соответствии с природными ритмами. В каждом сезоне природа дарит нам именно те продукты, которые наиболее полезны в данный период. Например, в летние месяцы изобилие фруктов и ягод охлаждает и освежает, а зимой корнеплоды и зерновые поддерживают тепло и энергию.

- **Преимущества сезонного питания:** Свежие продукты, созревшие естественным образом, содержат максимум витаминов, минералов и энзимов. Они обладают высшей энергетической ценностью и способствуют балансу в организме.
- **Связь с природой:** Питание по сезонам укрепляет гармонию с природными циклами, что помогает не только улучшить физическое состояние, но и поддерживать душевное равновесие, лучше чувствовать свое энергетическое состояние и вносить гармонию в свою жизнь.

Составление Энергетической Диеты

1. **Анализ питания:** Заведите пищевой дневник и фиксируйте свое самочувствие после приема разных продуктов. Отмечайте, какие продукты придают вам энергию, а какие вызывают тяжесть или усталость, что поможет более точно понять их влияние на ваш организм.

2. **Постановка целей:** Определите, каких целей вы хотите достичь – повысить энергию, нормализовать вес, улучшить эмоциональное состояние. Это позволит точнее настроить рацион в соответствии с потребностями.

3. **Выбор продуктов:** Составьте список предпочтительных продуктов, опираясь на свой энергетический тип и цели. Включайте продукты с различными энергетическими свойствами и наблюдайте за своим состоянием, регулируя рацион в соответствии с изменениями в организме.

4. **Эксперименты и новые вкусы:** Не бойтесь добавлять новые вкусовые сочетания и пробовать продукты, которые раньше были вам не знакомы. Это не только разнообразит рацион, но и обогатит его ценными элементами.

Энергетическое питание — это не просто способ утолить голод, но и возможность поддерживать организм в оптимальном состоянии энергии, улучшать настроение, повышать продуктивность и восстанавливать внутреннее равновесие. В этом разделе мы предлагаем углубленное исследование кулинарии для поддержания жизненной силы и духа, включающее не только рецепты, но и принципы, позволяющие сохранить максимальную питательную ценность продуктов и обеспечивать гармонию тела и разума.

Видеокурс дыхательной практики[1]

<u>Книга: Исцеление питанием[2]</u>

1.   https://courses.bodymind.care/courses/breathing

2.   https://ko-fi.com/s/80da33352f

Глава 6: Энергетическая Анатомия Движения: Гармония Тела и Духа

Движение – это мощный инструмент работы с энергией, способный гармонизировать внутренние процессы и активизировать жизненные силы. Каждый элемент движения – от дыхания и легкого наклона до интенсивного бега – воздействует на энергетические потоки, активизирует чакры и меридианы, высвобождает накопленные блоки. Понимание энергетической анатомии движения позволяет нам превратить физическую активность в целительную практику, которая помогает соединить тело, разум и дух.

- **Суставы - энергетические центры:** Суставы – это точки энергетического соединения, места концентрации и прохождения энергии. Застои в суставах могут тормозить энергетические потоки, приводя к физическим и эмоциональным дисбалансам. Практики для суставов, такие как растяжка и массаж, помогают устранить блоки, улучшая гибкость и восстанавливая свободное течение энергии по меридианам.

- **Мышцы - проводники энергии:** Напряженные мышцы сдерживают энергетические потоки, создавая "зажимы", которые проявляются в виде боли и усталости. Расслабление и регулярная растяжка не только устраняют эти зажимы, но и делают мышцы более эластичными, улучшая общий баланс и укрепляя энергетический каркас тела.

- **Дыхание и энергия:** Дыхание – ключ к жизненной силе. Глубокое, осознанное дыхание наполняет тело жизненной энергией (праной), улучшает кровообращение и способствует очищению тела. Специальные дыхательные техники, такие как пранаяма, способны активизировать чакры и направлять энергию в нужные зоны, стимулируя оздоровление.

Энергетическая анатомия движений: ключ к разблокировке энергии

Движение — это не просто физическое действие, но глубокий процесс взаимодействия с нашей внутренней энергией. Каждый жест, каждое телесное движение, будь то танец, йога или физическая активность, является способом настройки и регулировки наших энергетических потоков. Тело — это не просто биологическая структура, но сложная энергетическая система, в которой каждый элемент оказывает влияние на другие.

- **Меридианы и чакры в движении:** Вообразите, что ваше тело — это сеть каналов, по которым течет жизненная энергия. Эти каналы (меридианы) соединяются с энергетическими центрами (чакрами). Каждое движение активирует определенные чакры и меридианы, создавая отклик в теле, стимулируя или успокаивая эти центры. Например, наклоны вперед могут активировать корневую чакру, связанную с основой безопасности и заземлением, а прогибы назад — сердечную чакру, которая управляет нашими эмоциями и способностью к любви.
- **Разблокировка энергетических узлов:** Зафиксированные мышцы, искривления осанки, хронические зажимы или эмоциональные травмы могут привести к энергетическим блокам. Эти блоки, словно барьеры, мешают естественному потоку энергии, приводя к усталости, заболеваниям и нарушению психоэмоционального баланса. Осознанные движения, такие как глубокие растяжки или массаж, помогают снять эти блоки, восстанавливая нормальный поток энергии и тем самым способствуя физическому и психическому восстановлению.

- **Гармонизация энергетических потоков:** Древние учения, такие как аюрведа или традиционная китайская медицина, утверждают, что здоровье и гармония зависят от бесперебойного потока энергии. Регулярные движения, будь то медитативные, как йога, или более активные, как танцы, помогают балансировать эти потоки. Плавность и осознанность в движениях способствует интеграции тела и разума, устанавливая внутренний баланс и спокойствие.

Йога для Разных Энергетических Типов

Йога – это древняя система, которая помогает сбалансировать внутреннюю энергию через комбинацию асан, дыхательных практик и медитации. Знание своего энергетического типа позволяет подобрать асаны и практики, которые поддерживают гармонию и улучшают состояние тела и разума.

- **Для людей с преобладанием огненной энергии:** Интенсивные практики, такие как виньясайога и асаны, ориентированные на балансирование огня, помогают "усмирить" избыток энергии, успокаивая ум и стабилизируя эмоции. Динамичные движения в сочетании с контролем дыхания высвобождают накопившееся напряжение.

- **Для людей с преобладанием водной энергии:** Медитативные асаны, такие как Шавасана и мягкие растяжки, способствуют релаксации и помогают справляться с эмоциональными колебаниями. Йоганидра и плавные переходы из одной позы в другую позволяют вернуть внутреннюю гармонию, стабилизировать эмоциональный фон и улучшить качество сна.

- **Для людей с преобладанием земной энергии:** Стабилизирующие позы, такие как Вирасана (поза героя) и Тадасана (поза горы), укрепляют мышцы и кости, обеспечивая устойчивость тела и уверенность. Эти асаны усиливают заземление и укрепляют связь с физическим телом, что придаёт сил и стабильности в повседневной жизни.

- **Для людей с преобладанием воздушной энергии:** Практики, направленные на развитие силы и концентрации, такие как Сурья Намаскар (приветствие солнцу) и Капалабхати (дыхание огня), улучшают фокус и помогают сосредоточиться. Эти асаны и дыхательные практики повышают уровень энергии, улучшая ясность мышления и стимулируя творческую активность.

Цигун и Тайцзи: Исцеление Через Движение и Дыхание

Цигун и Тайцзи – это китайские практики, фокусирующиеся на плавных движениях и дыхании для управления жизненной энергией Ци. Они помогают улучшить физическое и эмоциональное здоровье, а также укрепить внутреннее спокойствие.

- **Цигун:** Эта практика представляет собой систему упражнений для накопления и управления энергией Ци. Медитативные и дыхательные техники направлены на активацию определённых энергетических центров, что способствует поддержанию здоровья, укреплению иммунитета и развитию чувствительности к потокам энергии в теле.
- **Тайцзи:** Тайцзи – это боевое искусство, основанное на принципах Цигун. Медленные, плавные движения Тайцзи повышают гибкость, улучшают баланс и координацию, стимулируют Ци и обеспечивают гармонизацию энергетических потоков. Тайцзи подходит людям всех возрастов и является эффективным методом поддержания физической и ментальной гибкости.

Танец как путь к трансформации

Танец — это не просто искусство, но и глубокая энергия, которая соединяет тело и душу, создавая уникальное пространство для самовыражения и трансформации. Танцевальные практики разных культур — это уникальные формы связи с внутренним миром и миром вокруг.

Танец — это форма самовыражения, глубоко связанная с эмоциональной сферой человека. Как и в случае с медитацией или другими энергетическими практиками, танец оказывает мощное воздействие на психоэмоциональные блоки, высвобождая подавленные чувства, снимая напряжение и стимулируя естественный поток энергии.

- **Выражение эмоций:** Танец предоставляет безопасное пространство для выражения подавленных или трудных эмоций, которые могут быть трудно выразить словами. Танцующие освобождаются от накопленного напряжения, а тело высвобождает заблокированную энергию.

- **Соединение с телом:** Через танец человек начинает лучше чувствовать свое тело, что особенно важно для людей, страдающих от эмоциональных травм. Глубокая связь с телом укрепляет ощущение безопасности и помогает «заземляться», восстанавливая связь с реальностью.

- **Терапия ритмом и движением:** Танцевальная терапия использует специфические ритмы, помогающие углубить внимание на себе и своих ощущениях, что способствует снятию психоэмоциональных блоков. Это помогает снизить стресс и тревожность, улучшить самооценку и повысить чувство внутренней свободы.

- **Практики танцевальной терапии:** Специалисты

используют определенные танцевальные движения и ритмы для работы с конкретными проблемами. Например, мягкие, плавные движения могут помочь в проработке тревоги, тогда как активные, интенсивные танцы позволяют выразить и исцелить подавленный гнев.

- **Трансформация сознания:** Танец позволяет войти в измененные состояния сознания, что помогает расширить восприятие и достичь глубоких инсайтов о себе и окружающем мире.

Африканские танцы: Эти танцы известны своей мощной энергией и способностью соединять нас с элементами природы. В них присутствует живой ритм, который помогает освободить подавленные эмоции и стимулирует жизненную силу. Они позволяют гармонизировать внутреннее состояние и восстановить баланс, устраняя блокировки в энергетических каналах.

Индийские танцы: Каждое движение в этих танцах пронизано духовностью, где каждый жест имеет символическое значение и воздействует на различные чакры и энергетические центры. Эти танцы развивают не только физическую гибкость, но и способность к внутренней концентрации и глубокому самоосознанию.

Шаманские танцы: Используемые для путешествий в другие реальности, эти танцы позволяют соединяться с духами природы и своими предками. Они активируют глубокие аспекты психики, помогают освободить и преобразовать подавленные эмоции и переживания.

Энергетическая анатомия различных видов спорта

Каждый вид спорта воздействует на разные энергетические центры и каналы тела, что может не только улучшить физическую форму, но и повлиять на психоэмоциональное состояние. Осознание энергетических потоков в каждом конкретном виде спорта позволяет направлять усилия более эффективно и достигать лучших результатов.

- **Силовые виды спорта (например, тяжелая атлетика, пауэрлифтинг):** Эти виды спорта требуют значительных усилий, что способствует активизации нижних чакр — корневой и сакральной. Такая активизация усиливает чувство стабильности, безопасности и связи с землей, что необходимо для создания надежной основы внутренней и внешней силы. Регулярные силовые тренировки помогают укрепить уверенность и волю, что благотворно сказывается и на эмоциональном состоянии, снижая тревожность.

- **Кардиотренировки (бег, плавание, велоспорт):** Кардионагрузки активно задействуют чакры солнечного сплетения и сердечную чакру. Это способствует высвобождению энергии, стабилизации эмоций, улучшению настроения и стимулирует обмен веществ. Тренировки на выносливость помогают ощутить личный ритм и синхронизироваться с ним, улучшая связь между умом и телом.

- **Гибкость и баланс (йога, пилатес, тайчи):** Практики, направленные на развитие гибкости, улучшают течение энергии по всему телу, особенно через позвоночник, где расположены важнейшие энергетические центры.

Улучшение гибкости усиливает поток энергии, делая его свободнее и мощнее. Занятия балансом стимулируют связь тела и разума, развивая внутреннюю гармонию и самоконтроль. Здесь особое значение имеют сердечная, горловая и чакра третьего глаза.

- **Боевые искусства (карате, кикбоксинг, ушу):** Боевые искусства помогают контролировать и направлять энергию через четкие, осознанные движения. Особое внимание уделяется фокусировке и внутреннему балансу, что стимулирует работу чакры солнечного сплетения и горловой чакры. Эти практики развивают внутреннюю силу, уверенность, сосредоточенность и улучшают координацию.

Энергетическая Гимнастика

Создание собственной программы, включающей элементы движения и дыхания, помогает настроить энергетические потоки, укрепить связь с телом и развить чувствительность к энергии.

1. **Разработка комплекса упражнений:** Составьте комплекс, который включает динамические и статические элементы, дыхательные практики и растяжку. Сфокусируйтесь на активации различных энергетических центров и меридианов.

2. **Сосредоточение на ощущениях:** Во время практики обращайте внимание на собственные ощущения. Наблюдайте, как энергия движется по телу, направляйте её в нужные области, где требуется восстановление или усиление.

3. **Регулярность:** Движение должно стать регулярной частью жизни. Регулярные занятия помогают укрепить энергетическую систему, повышают осознанность и создают ощущение целостности.

Глава 7: Время как Энергия — За Пределами Линейности

Время. Мы привыкли к его привычной форме, как к реке, текущей из прошлого в будущее, неизменно и необратимо. Но что, если это лишь одна из его граней?

Что, если за пределами видимого потока существует океан возможностей, где время становится управляемым ресурсом, подобно энергии, с которой можно взаимодействовать?

Время как Океан: Линейность и Нелокальность

Современная наука меняет наше восприятие времени, отрывая его от привычной линейности и открывая перед нами океан нелокальных взаимосвязей. Как мы раньше думали о времени? Как о реке, текущей из прошлого в будущее. Но квантовая физика раскрывает иную картину: время подобно океану, где волны событий накладываются друг на друга, создавая многослойные суперпозиции.

В теории относительности Эйнштейна время и пространство объединены в единую ткань. В этой ткани время замедляется вблизи массивных объектов, а при высоких скоростях оно сжимается, как эластичная лента. Это как водоворот в океане времени, изменяющий скорость потока для каждого наблюдателя.

Квантовая запутанность во времени демонстрирует, что частицы могут быть связаны не только в пространстве, но и во времени. Представьте себе, что вы бросаете камень в воду, и волны расходятся не только по поверхности, но и назад во времени. Эксперименты по квантовой отложенной выборке показывают, что наши действия в настоящем могут влиять на прошлое, как если бы мы создавали временные волны, возвращающиеся к истокам.

Биологические Часы: Танец во Времени

Наше тело — это сложный ансамбль, танцующий под музыку биологических часов. Эти часы не просто тикают, они подобны дирижеру оркестра, который синхронизирует все процессы. Митохондриальные осцилляции, создающие внутренние ритмы, похожи на тихие всплески квантовой энергии внутри клеток. Они напоминают биологические маяки, которые указывают клеткам, когда включаться и когда отдыхать.

Роль эпигенетических механизмов в восприятии времени подобна тому, как дирижер изменяет темп музыки в зависимости от настроения зала. Клетки адаптируются к окружающей среде, изменяя экспрессию генов, словно настраивая свои внутренние часы под ритмы внешнего мира.

Интересен и вклад микротубул, которые действуют как квантовые антенны, улавливающие вибрации времени. Эти структуры позволяют клеткам не только ощущать время, но и взаимодействовать с ним, как будто они подключены к скрытой сети временных сигналов.

Временные Циклы

Мы окружены множеством временных циклов, подобно тому, как океанские волны следуют ритмам приливов и отливов. От молекул внутри клетки до космических событий — все подчинено этим циклам.

Циркадные Ритмы 2.0

Наши внутренние часы, настроенные генами CLOCK и BMAL1, работают подобно древнему астролябии, ориентирующей корабли на волнах времени. Эти гены регулируют циркадные ритмы, которые определяют, когда мы бодры, а когда устали, когда наше тело готово к приему пищи, а когда к восстановлению.

Практическое применение этих знаний меняет нашу жизнь: хронотерапия позволяет подбирать время приема лекарств, чтобы они были максимально эффективны, а хронопитание — синхронизировать прием пищи с метаболическими циклами, улучшая здоровье и самочувствие.

Лунные Циклы

Луна — древний символ времени, танцующий на ночном небе и влияющий на биосферу, как дирижер управляет оркестром. Лунные фазы оказывают влияние на уровень гормонов, на репродуктивные циклы и даже на наши сны. Это наподобие приливов и отливов в океане, затрагивающих не только воды, но и наши внутренние ритмы.

Время как Ресурс и Инструмент

Мы часто слышим фразу: "Время — деньги." Но что, если время — это энергия, которую можно накапливать, распределять и тратить осознанно? Вместо того чтобы бездумно следовать по течению времени, мы можем стать серферами, оседлавшими волну и направляющими её по своему усмотрению.

Современные методы управления временем включают в себя не просто планирование, а временные циклы глубокой работы и восстановления. Работа в 90минутных интервалах, чередуемая с фазами короткого отдыха, синхронизируется с естественными ритмами мозга, улучшая фокус и продуктивность.

Осознанное отношение ко времени — это не просто способ повысить продуктивность. Это инструмент для исцеления. В йоге и медитации практики, направленные на работу с временем, помогают освободиться от боли прошлого и тревог о будущем, возвращая нас в настоящее, где находятся истинные ресурсы для восстановления и роста.

Управление Временем на Квантовом Уровне

Можем ли мы управлять временем на уровне сознания? Квантовые техники предлагают новые пути:

Квантовая медитация — это практика, в которой мы учимся наблюдать флуктуации времени и входить в состояние суперпозиции, где все возможные линии событий открыты перед нами. Мы выбираем свою волну, направляя энергию в желаемое русло.

Техники нейропластичности позволяют расширять наше восприятие времени, создавая иллюзию его замедления или ускорения. Это напоминает настройку объектива камеры, который позволяет нам видеть мир в замедленной съемке или ускоренном ритме.

Серфинг на Волнах Времени

Создайте собственный протокол временной оптимизации, который поможет вам управлять временем, как мастер управляет своим инструментом.

- Начните день с квантовой медитации, представляя, что вы находитесь в океане времени. Осознайте, что все линии событий доступны, и выберите ту, которая ведет к вашему наилучшему дню.
- Используйте светотерапию, чтобы синхронизировать свои биологические часы и настроиться на активность.

Дневная практика:

- Работайте циклами глубокой работы и восстановления, используя методы временной компрессии для рутинных задач.
- Включайте краткие паузы медитации, чтобы восстанавливать фокус и баланс.

Вечерняя интеграция:

- Проанализируйте прошедший день, визуализируя временные линии, по которым вы прошли. Осознайте, какие из них привели к наилучшим результатам, и запомните этот опыт для будущего.
- Закончите день практиками осознанных сновидений, программируя свой сон на восстановление и подготовку к новому дню.

Осознанное управление временем — это не просто философия, а практический навык, который можно развивать. Когда мы понимаем время как энергию, мы выходим за пределы линейности и начинаем видеть мир как океан возможностей. Это не просто путешествие во времени, а искусство серфинга на волнах времени, где каждая секунда становится осознанным и драгоценным ресурсом.

Глава 8: Пространство и энергия

Энергетическая география — это древняя наука, уходящая корнями в традиции, знания и ритуалы цивилизаций прошлого. В её основе лежит понимание Земли как живого организма, пронизанного потоками энергии, которые взаимодействуют с космосом, природными элементами и человеком. Мы исследуем не только теорию, но и практические техники, которые помогут вам использовать эти знания для создания гармоничного пространства и повышения качества жизни.

Древние Культуры и Их Понимание Энергетических Полей

- **Египет:** Жрецы древнего Египта обладали глубокими знаниями о местных энергетических полях и лей-линиях. Пирамиды Гизы расположены на пересечении энергетических линий, что усиливало их вибрации. Эти постройки служили не только гробницами, но и энергетическими центрами, способствующими духовному возрождению.

- **Кельты:** В Европе кельты использовали знания о лей-линиях для создания своих святилищ и мегалитических построек. Стоунхендж, вероятно, был центром астрономических и энергетических исследований. В его центре фиксируются сильные электромагнитные поля, а также наблюдается аномальная тишина и изменение восприятия времени у посетителей.

- **Китай:** Китайские мастера фэншуй исследовали потоки энергии, известные как ци, и разрабатывали методы для её гармонизации. Они использовали знания о ландшафте, направлениях ветра и воды для выбора благоприятных мест для строительства. Древние китайские тексты, такие как "Книга Перемен" (И Цзин), описывают методы взаимодействия с энергетическими полями земли и неба.

- **Индия и Вастушастра:** В Индии существовала наука вастушастра, предшественница фэншуй. Вастушастра включала в себя принципы гармонизации пространства, основанные на энергетических потоках и положении планет. Храмы строились в соответствии с этими принципами, что обеспечивало мощные вибрации для медитации и духовных практик.

Как Работать с Энергетическим Полем

Техника 1: Определение Энергетики Пространства

1. Очистите ум и пространство. Используйте благовония или шалфей для очищения помещения.

2. С помощью маятника или рамки пройдите по комнате и определите зоны с положительной и отрицательной энергией.

3. Нарисуйте план помещения и отметьте зоны с разными типами энергии. Это поможет вам понять, где лучше размещать мебель и предметы силы.

Вы заметите улучшение сна и повышение концентрации через 12 недели после оптимизации пространства.

Техника 2: Медитация в Местах Силы

1. Найдите место силы в своём регионе. Это может быть лес, гора, водопад или историческое святилище.

2. Сядьте в удобное положение, закройте глаза и сделайте несколько глубоких вдохов и выдохов.

3. Представьте, что корни растут из ваших ног в землю, соединяясь с её сердцем. Почувствуйте поток энергии, поднимающийся по вашим ногам и наполняющий всё тело.

4. Поблагодарите место и отпустите поток энергии.

Ожидаемые Результаты: Уже после первой медитации вы почувствуете прилив сил и улучшение настроения. Через месяц регулярных практик вы заметите повышение интуиции и улучшение эмоционального фона.

Создание Энергетической Карты Вашего Дома

1. Начните с общей уборки и очищения пространства с помощью благовоний или тибетских поющих чаш.

2. Используйте маятник или рамку, чтобы пройти по всем комнатам. Определите зоны с положительной, нейтральной и отрицательной энергией.

3. Нарисуйте карту, отметьте проблемные зоны и подумайте, как можно их гармонизировать.

4. Разместите кристаллы кварца в зонах с негативной энергией для её нейтрализации.

5. Используйте зелёные растения, такие как мирт или алоэ, для повышения энергетики пространства.

Энергетическая география открывает двери в невидимый мир энергий, который влияет на наше здоровье, настроение и успех. Использование этих знаний позволяет создать гармоничное пространство, усилить свои интуитивные способности и сделать жизнь более осознанной и наполненной.

Глава 9: Сновидения и Параллельные Реальности

Сны — это не просто фрагменты нашей повседневной жизни, перевёрнутые и замешанные в хаотичном танце ночных видений. Это врата в иные миры, где наше сознание проникает в неизведанные глубины подсознания и, возможно, за пределы физической реальности.

Наши сны — это парадоксальные оазисы, где логика смешивается с безумием, а время теряет свою линейность. Они представляют собой не просто хаотичный набор образов, а систему символов, выражающих наши глубинные страхи, желания и нерешённые конфликты. Многие учёные считают, что сны — это своего рода репетиция реальности, где мы обрабатываем пережитый опыт и готовимся к будущим вызовам. Но, возможно, они не ограничены лишь нашим умом: что если сновидения — это окно в параллельные миры, где мы проживаем альтернативные версии самих себя?

Древние Знания: Сновидения как Мост к Божественному

- **Древний Египет:** Вера в магическую силу снов была неотъемлемой частью жизни египтян. Жрецы и правители использовали сны для предсказаний судьбы и общения с богами. В храме Серапеум практиковали ритуал инкубации снов, где человек засыпал в священном месте, ожидая получить видения, которые раскрывали бы тайны будущего.

- **Греция:** В Древней Греции храмы Асклепия, бога медицины, были местами, куда люди приходили не только для лечения тела, но и для исцеления души через лечебные сны. Греческие философы, такие как Гераклит, считали, что сны могут отражать порядок Вселенной и раскрывать скрытые истины.

- **Индия:** В ведической традиции сновидения рассматривались как одна из четырёх состояний сознания: свапна — это мост между бодрствованием и глубоким сном без сновидений. Йоги видели в этом состоянии возможность для духовных путешествий и общения с божественными сущностями.

Современная Наука о Сновидениях: Тайны Мозга

Современные исследования сновидений фокусируются на фазе быстрого сна (REM), когда активность мозга почти неотличима от активности в состоянии бодрствования. В этот период мозг обрабатывает огромный объём информации, восстанавливая нейронные связи, что делает возможными интенсивные и насыщенные эмоциями сны.

- Гарвардский университет (2022): Учёные обнаружили, что сны помогают нам переживать негативные эмоции, снижая их влияние в реальной жизни. Это явление называется "ночной терапией", где мы бессознательно "перепроживаем" болезненные моменты и ослабляем их воздействие на психику.
- MIT (2020): Исследования показали, что REM-сон играет ключевую роль в процессе консолидации памяти, позволяя создавать и укреплять нейронные связи, что способствует улучшению когнитивных функций и творческого мышления.

Психологический Аспект Сновидений: Погружение в Архетипы

Сны — это язык подсознания, который мы пытаемся расшифровать. Их символика уникальна, но часто опирается на универсальные архетипы, которые мы видим на протяжении тысячелетий.

- Зигмунд Фрейд видел в сновидениях выражение наших скрытых желаний и подавленных мыслей. Он называл сны "царской дорогой к бессознательному". Согласно Фрейду, каждый символ сна имеет сексуальный подтекст или связан с подавленным желанием.
- Карл Юнг, напротив, считал, что сны отражают не только личное бессознательное, но и коллективное бессознательное. Архетипические образы, такие как Тень, Анима и Герой, представляют собой универсальные символы, общие для всего человечества. Юнг видел в снах возможность для духовного роста и интеграции бессознательных аспектов личности.

Осознанные Сновидения: Исследование Внутреннего Космоса

Осознанные сновидения — это выход за пределы обычного сна, где мы понимаем, что находимся во сне, и можем осознанно влиять на его ход. Это состояние открывает перед нами невероятные возможности: исследовать свои страхи, практиковать новые навыки и даже встречаться с архетипами, которые могут дать нам глубокие инсайты.

1. **Дневник сновидений:** Записывайте каждое утро свои сны. Это улучшит память и повысит вашу осознанность в процессе сна. Анализируйте повторяющиеся символы, чтобы понять, какие темы активны в вашем подсознании.
2. **Техника "Реальности":** В течение дня задавайте себе вопрос: "Не сплю ли я?" Попробуйте пройти сквозь стену или прочитать текст дважды (во сне текст обычно изменяется). Это поможет развить привычку проверять

реальность и осознать себя во сне.

3. **Мантра осознанности:** Перед сном повторяйте фразу "Я осознаю, что я сплю". Это поможет настроить ваш ум на осознанность во время сновидения.

Ожидаемые Результаты:

- Появление первых осознанных снов возможно уже через 1-2 недели практики.
- Со временем сновидения становятся более яркими и управляемыми. Вы сможете изменять сюжет и даже "пробуждать" второстепенных персонажей, задавая им вопросы.

Путешествия за Грань: Астральные Переживания и Параллельные Реальности

Некоторые практики и исследователи утверждают, что в сновидениях мы можем не просто взаимодействовать с нашим подсознанием, но и входить в иные миры, переживая опыт астральных путешествий. Астральное путешествие — это выход нашего "тонкого тела" за пределы физического, позволяющий исследовать другие измерения и параллельные реальности.

1. **Глубокое расслабление:** Лягте на спину, закройте глаза и сосредоточьтесь на своём дыхании. Дышите медленно и глубоко, пока не почувствуете полное расслабление.

2. **Визуализация выхода:** Представьте, как ваше тело начинает парить над кроватью. Почувствуйте лёгкость и поднимитесь над своим физическим телом.

3. **Осознанный выход:** Попробуйте "посмотреть" на своё тело сверху. Если вы чувствуете страх или беспокойство, спокойно вернитесь в своё физическое тело и начните медленное пробуждение.

Предостережения:

Астральные путешествия могут быть пугающими для неподготовленного человека. Практикуйте их только в состоянии полного спокойствия и внутренней уверенности.

Сновидения — это не просто ночные фантазии. Это путь к самопознанию, мост к иным измерениям и ключ к неисследованным аспектам нашей личности и Вселенной.

Астральные Путешествия: Вне Тела, за Гранью Физического

Астральные путешествия — это опыт выхода сознания из физического тела в астральное тело, позволяющий исследовать другие измерения и уровни реальности. Это состояние известно с древних времён и упоминается в различных культурах.

Исследование Параллельных Реальностей: Шаг за Грань Обыденности

Идея параллельных реальностей уходит корнями в древние философские учения и мистические традиции, но своё научное обоснование она получила в рамках теории множественных миров в квантовой физике. Согласно этой концепции, каждая наша мысль, каждое решение и действие создают новую ветвь реальности, где возможные исходы реализуются одновременно. Это означает, что существует бесконечное множество миров, где мы проживаем разные версии своей жизни. Взаимодействие с этими мирами — это не просто фантазия, а возможность расширить границы своего восприятия и выйти за пределы привычной картины мира.

На стыке эзотерики и науки появляется интересная практика — перепросмотр реальностей, когда мы можем исследовать и влиять на свои альтернативные "Я" через осознанные сновидения, астральные путешествия и медитации. Это позволяет нам выбирать не просто линии поведения, но и всю ветвь реальности, по которой мы хотим идти.

Практики для Исследования Параллельных Реальностей

Эти методы помогут вам настроить своё сознание на восприятие иных измерений и получить доступ к опыту ваших "альтернативных Я".

1. Медитация на Перепросмотр Реальностей

Закройте глаза и представьте, что вы стоите на перекрёстке бесчисленных дорог, каждая из которых ведёт в свой мир. Сконцентрируйтесь на той версии себя, которая уже достигла желаемой цели или обладает качествами, которых вам не хватает. Представьте, как вы сливаетесь с этой версией себя, ощущая её мысли, чувства и опыт. Постарайтесь перенести эти ощущения в свою текущую жизнь.

- Ожидаемый эффект: Увеличение уверенности в себе, появление новых идей и неожиданных решений.
- Совет: Практикуйте эту медитацию в спокойной обстановке, когда вы чувствуете внутренний баланс и гармонию.

2. Осознанные Сновидения как Портал в Параллельные Миры

В осознанных сновидениях мы можем не просто играть с сюжетом и образами, но и перемещаться в альтернативные миры, где наша жизнь пошла по другому пути. В этих мирах вы можете встретить своё "альтернативное Я" и задать ему вопросы: "Что ты знаешь, чего не знаю я?", "Какой путь ты выбрал?". Эти беседы могут дать вам глубокие инсайты и новую перспективу на вашу жизнь.

Перед засыпанием повторяйте фразу: "Сегодня я осознаю себя во сне и встречу своё другое "Я". Это создаст настрой на встречу с альтернативной версией вас во сне.

3. Астральные Путешествия: Исследование Многомерного Космоса

Астральные путешествия — это один из самых мощных инструментов для исследования параллельных миров. Представьте, что ваше астральное тело — это корабль, который может перемещаться по вселенной неограниченно. Настроившись на определённую вибрацию, вы можете выйти в мир, где ваша жизнь течёт по-другому: вы можете быть учёным, художником, воином или даже жить в иной эпохе.

- Используйте глубокое дыхание и визуализацию, представляя, как ваше астральное тело поднимается над физическим и начинает перемещаться сквозь слои реальности.
- Не пытайтесь форсировать выход в астрал. Начинайте с коротких путешествий и возвращайтесь по первому ощущению дискомфорта.

Преимущества Практики Взаимодействия с Параллельными Реальностями

1. **Расширение Восприятия:** Вы начнёте воспринимать мир не как линейную последовательность событий, а как многомерную сеть возможностей. Это поможет вам принимать более осознанные и мудрые решения.
2. **Активизация Интуиции:** Взаимодействие с параллельными мирами помогает укрепить связь с вашим подсознанием и расширить диапазон интуитивных ощущений.
3. **Духовный Рост:** Осознание многомерности вашей души и связь с другими версиями себя приводит к глубоким трансформациям, позволяет выйти за рамки эго и ощутить единство с Вселенной.

Практическое Упражнение: Создание Карты Сновидений
Это упражнение поможет вам лучше понять структуру ваших снов и осознать, какие параллельные миры вы посещаете.

1. Держите блокнот рядом с кроватью и записывайте все сны сразу после пробуждения. Чем более подробными будут

записи, тем легче будет анализировать ваши сновидения.

2. Рисуйте карту своих снов, отмечая повторяющиеся места, персонажей и символы. Попробуйте соединить точки и выявить общие темы. Возможно, вы обнаружите, что часто посещаете одни и те же миры.

3. Внимательно изучите карту и попробуйте определить, какие аспекты вашей жизни отражаются в этих снах. Какие альтернативные реальности вы посещаете чаще всего? Что они могут сказать о ваших скрытых желаниях и страхах?

Сновидения, медитации и астральные путешествия — это не просто духовные практики. Это инструменты для исследования множества реальностей, которые существуют одновременно с нашей. Преодолев границы привычного восприятия, вы сможете выйти за пределы одной жизни и прикоснуться к бесконечному числу возможностей. Многообразие альтернативных миров не просто открывает новые пути, но и позволяет понять, что все они существуют здесь и сейчас, внутри вас.

Глава 10: Энергия Сознания

Энергия сознания — это как поток бесконечной реки, текущей через вселенные нашего внутреннего мира. Это живой, вибрирующий источник, связывающий физическое, ментальное и духовное измерения. Но, если река символизирует поток сознания, то уровни сознания можно представить как «этажи высокого небоскрёба». Чем выше мы поднимаемся, тем шире и яснее становится наш обзор, открывая всё новые горизонты и перспективы. В этой главе мы не просто исследуем этажи этого небоскрёба, но и предложим практики, которые помогут вам "взлететь" на его высшие уровни.

Уровни Сознания: Небоскрёб Восприятия

Мы живём одновременно на нескольких уровнях сознания, переходя от одного к другому в зависимости от состояния нашего ума и настроя. Представьте здание с разными этажами: от тёмного подвала бессознательного до светящейся крыши сверхсознания.

1. Бессознательное: Подвал Разума

Бессознательное — это фундамент, на котором покоится весь небоскрёб. Здесь скрыты наши первобытные инстинкты, травмы и архетипы коллективного бессознательного, как тайные архивы в затенённом подвале. Эти глубинные слои влияют на наше поведение и решения, даже если мы их не осознаём.

- Вспомните ситуацию, когда вы действовали "на автомате". Можете ли вы определить бессознательные мотивы, которые направили ваши действия?
- Попробуйте вести дневник снов. Сны — это язык бессознательного, и анализ их символов поможет выявить скрытые паттерны и глубинные страхи.

2. Подсознание: Скрытая Механика Повседневности

Если бессознательное — это подвал, то подсознание можно сравнить с механическим этажом, где хранятся автоматизированные системы здания. Здесь формируются наши привычки, реакции и интуитивные решения. Это своего рода "операционная система", на которой работает наш разум.

- Закройте глаза и вспомните, как вы чистите зубы или завязываете шнурки. Вы делаете это автоматически, без размышлений — именно это и есть работа подсознания. Попробуйте осознанно делать эти простые действия в течение дня, чтобы повысить свою осознанность.

3. Обычное Сознание: Этаж Принятия Решений

На этом уровне мы проводим большую часть своего времени. Это этаж, где мы анализируем, планируем и принимаем решения, основываясь на информации, собранной через органы чувств. Однако обычное сознание часто ограничено "стенами" восприятия и убеждений, которые мы сами себе построили.

- Заметьте, как ваш ум склонен блуждать. Попробуйте каждый час делать короткую паузу и осознавать своё состояние, мысли и эмоции. Это поможет вам "расширить" стены этого этажа и открыть новые окна восприятия.

4. Расширенное Сознание: Панорамный Вид на Вселенную

Поднявшись выше, мы открываем "панорамный этаж", где стены заменяются стеклянными окнами, и наш обзор значительно расширяется. Здесь мы начинаем воспринимать энергетические поля, чувствовать интуитивные сигналы и видеть взаимосвязи, которые раньше были скрыты.

5. Сверхсознание: Крыша Небоскрёба, Открытая Звёздному Небу

Это уровень, где нет границ, где мы переживаем состояние единства со Вселенной, выходя за пределы эго. Здесь мы видим мир не фрагментированным, а как единое целое, ощущая глубокий покой и любовь, пронизывающие всё существование.

Расширение Восприятия: Новая Картина Реальности

По мере того как мы перемещаемся между уровнями сознания, наше восприятие меняется. Представьте, что ваш ум — это призма, через которую проходит свет. На более низких уровнях свет рассеян, но по мере подъёма он фокусируется и становится ярче.

- - Роль эмоций: Эмоции — это как фильтры, которые искажают или, наоборот, усиливают восприятие. Позитивные эмоции, такие как любовь и благодарность, "расширяют" призму, позволяя нам видеть более яркую и насыщенную картину мира.
- - Квантовая запутанность: На уровне квантового сознания мы начинаем осознавать, что все наши мысли и чувства переплетены с материей. Эксперименты в квантовой физике показывают, что частицы могут быть "запутаны", мгновенно влияя друг на друга, даже находясь на противоположных концах Вселенной. Это объясняет, почему наши намерения и желания могут мгновенно влиять на реальность.

Новые Методы Расширения Сознания

Чтобы раскрыть весь потенциал разума, важно использовать различные техники, которые позволяют нам выйти за пределы привычного мышления:

1. Айяуаска и шаманские церемонии: Эти древние практики помогают очистить сознание от блоков и травм, активируя скрытые возможности мозга и открывая доступ к сверхсознанию.
2. Медитация с искусственным интеллектом: Современные

VR-технологии и ИИ уже начинают использоваться для проведения медитаций, создавая персонализированные визуализации, которые помогают достигать глубоких состояний медитации быстрее.

3. Коллективные медитации и влияние на реальность: Исследования показывают, что когда группа людей медитирует вместе, фокусируясь на одной цели, это оказывает реальное воздействие на окружающий мир. Такие медитации могут снижать уровень преступности, улучшать социальный климат и способствовать коллективному исцелению.

Путешествие по Этажам Сознания

1. Самоанализ через дневник: Ведите дневник, записывая свои мысли, эмоции и ощущения каждый день. Это поможет вам отслеживать, на каком уровне сознания вы находитесь и как меняется ваше восприятие.

2. Работа с чакрами и энергетическими центрами: Используйте визуализации и дыхательные практики, чтобы активировать каждый энергетический центр, начиная с корневой чакры и поднимаясь вверх.

3. Техника осознанного выбора: В течение дня делайте осознанный выбор, направляя внимание на свои мысли и действия, и отслеживайте, как они влияют на вашу реальность.

Энергия сознания — это сила, которая формирует нашу реальность. Понимая структуру уровней сознания и используя предложенные техники, вы сможете построить свой собственный небоскрёб, этаж за этажом, открывая для себя новые возможности и горизонты. Каждый выбор, каждая мысль — это строительный блок вашего небоскрёба. Вы не просто пассажир, вы — архитектор своей судьбы, и перед вами открыты все двери, если вы готовы их увидеть.

своей судьбы, и перед вами открыты все двери, если вы готовы их увидеть.

Глава 11: Творческая Энергия

Природа Вдохновения

Творческая энергия – это сердцебиение Вселенной, скрытая сила, оживляющая материю и дух. Она не просто порождает идеи, но наполняет их жизнью, влияя на нас на уровне, который сложно объяснить лишь через рациональные процессы. Мы часто описываем это как "озарение" – момент, когда что-то загорается внутри и направляет нас к новым горизонтам.

Что такое вдохновение?

Вдохновение – это состояние повышенной творческой активности, когда мысли проясняются, эмоции усиливаются, а восприятие расширяется. Это мгновение трансцендентного подключения к невидимым мирам, когда наше сознание словно получает доступ к чему-то большему, к божественному источнику. В древности это состояние связывали с присутствием высших сил – муз, гениев, духов природы.

Состояние вдохновения, как показали исследования, активирует определенные области мозга, такие как префронтальная кора, связанная с планированием и предвосхищением, и лимбическая система – эмоциональный центр. В этот момент наш ум "просыпается", он оживляется под воздействием чувств и образов, открывая дорогу новым идеям.

Где искать вдохновение?

- **Природа** – одно из древнейших вдохновений для человека. Ее величие и таинственность пробуждают в нас чувства, выходящие за пределы повседневного, приводя нас к философским раздумьям и творческому поиску.

- **Искусство и культура** – книги, музыка, визуальные искусства, театр и танцы способны вызвать эмоциональный отклик и разбудить нас изнутри. Чтение произведений классиков или наблюдение за искусством современных мастеров открывает нам иной взгляд на мир, расширяет границы восприятия.

- **Общение и эмпатия** – человеческие отношения, глубокий разговор или случайная встреча могут раскрыть перед нами идеи, которых мы сами бы не заметили.

Каналы Творческой Энергии

Творческая энергия требует проводников, и наши тела и умы предоставляют ей каналы, по которым она течет.

1. **Тело** – физическая активность может стать способом освобождения творческой энергии. Движение – будь то танец, йога или простая прогулка на свежем воздухе – позволяет снять блоки и активизировать внутренние потоки.

2. **Ум** – наши мысли и образы, наша способность к ассоциации и воображению являются неотъемлемыми составляющими процесса творчества. Воображение позволяет взглянуть за пределы реальности, видеть связи между, казалось бы, далекими вещами и находить необычные решения.

3. **Эмоции** – вдохновение часто приходит в моменты сильных эмоциональных переживаний. Гнев, радость, печаль, любовь – все это яркое топливо для творчества. Эти эмоции становятся катализаторами, способными поднять нас к высотам осознания и самовыражения.

4. **Душа** – связь с нашим внутренним "я", интуиция, ощущение единства с миром также способствуют рождению новых идей. Душевное спокойствие, самоуглубление и осознание своего предназначения – основные факторы, влияющие на творческий процесс.

Работа с Музами

Музы – это не только персонажи мифологии, но и символы, которые пробуждают и подпитывают нас. Современное понимание муз позволяет видеть в этом архетипе не только богинь вдохновения, но и все источники, которые дают нам импульс к созданию.

Как призвать свою музу?

1. **Ритуалы** – простые или сложные ритуалы могут усилить творческую энергию. Например, зажженная свеча или аромат благовоний могут служить "воротами", ведущими в состояние вдохновения.

2. **Святилище для творчества** – особое пространство, где все располагает к сосредоточению, поможет войти в нужное состояние. Это место может стать настоящим храмом вдохновения – с предметами, которые пробуждают радость и воодушевление.

3. **Визуализация и символы** – изображения муз, природные элементы или артефакты искусства могут стать фокусом для визуализаций, погружающих нас в процесс творчества.

Как превратить идею в реальность?

Творческая энергия становится настоящей силой, когда направляется на материализацию. Это требует не только вдохновения, но и дисциплины, веры в себя и решительности. Материализация идей – это своего рода алхимия, требующая, чтобы каждый шаг, каждая мысль и каждое действие способствовали воплощению задуманного.

- **Планирование** – важно разложить цель на этапы и

определить, какие ресурсы и усилия нужны для ее достижения. Определите конкретные шаги и приступайте к их выполнению, пусть даже небольшими шагами.

- **Действие** – превращение идеи в реальность требует настойчивости и регулярной работы. Творчество – это не только вдохновение, но и повседневный труд, шаг за шагом приближающий нас к цели.

- **Преодоление внутренних барьеров** – страх неудачи, сомнения и скептицизм – это естественные враги вдохновения. Если вы ощущаете страх или неуверенность, работайте с ними как с иллюзорными преградами, которые можно трансформировать в силу.

Творческая Алхимия

Для активизации творческого потока можно практиковать следующие техники:

1. **Медитация на источник вдохновения**: Визуализируйте себя в месте, которое вызывает у вас чувство вдохновения. Представьте, что это место наполняет вас энергией и направляет ваш творческий поток.

2. **Коллаж вдохновения**: Соберите изображения, слова и цитаты, которые вдохновляют вас. Создание такого визуального коллажа поможет вам сосредоточиться на ваших творческих устремлениях.

3. **Свободное письмо**: Позвольте себе писать без ограничений и структуры. Просто записывайте все, что приходит в голову, даже если это кажется хаотичным или бессмысленным. Это упражнение поможет разблокировать подсознательные творческие идеи.

4. **Творческий блокнот**: Ведите записную книгу, где можно фиксировать идеи, наблюдения, фразы, образы и мысли. Этот блокнот станет вашим личным источником идей и будет подпитывать ваш творческий поток.

Эти практики помогут вам активизировать и направить творческую энергию на реализацию самых смелых замыслов.

Глава 12: Сексуальная Энергия

Эта глава посвящена исследованию сексуальной энергии как источника трансформации, духовного роста и гармонии с собой и миром. Мы расширяем взгляд на тему, охватывая не только тантрические традиции, но и философию Дао Любви, "Камасутры" и других культурных подходов. Каждая традиция раскрывает свою уникальную связь между сексуальностью, здоровьем и осознанностью.

Исторический Контекст и Культурные Различия

Сексуальная энергия с древних времён рассматривалась как важнейшая жизненная сила. Разные культуры создали множество путей её изучения и управления, видя в ней ключ к духовному развитию и гармонии.

Тантра и Дао Любви:

- Индийская Тантра считает сексуальную энергию Шакти источником божественной силы. Через тантрические практики можно достичь не только физического удовлетворения, но и осознания своей внутренней природы.

- Даосские практики (Дао Любви) сосредоточены на здоровье и долголетии. В отличие от тантры, даосские техники направлены на то, чтобы сберегать и усиливать сексуальную энергию, циркулируя её по телу для укрепления внутренних органов и сохранения энергии.

"Камасутра" и другие тексты Востока:

- "Камасутра" – древний текст, рассматривающий сексуальные отношения как одну из сфер жизни, в которой можно достичь гармонии и взаимопонимания.

Она подчеркивает важность чувственности, уважения и партнерства.

- "Ананга Ранга" также посвящена искусству любви и гармоничным отношениям. Этот текст помогает людям через сексуальное удовлетворение укрепить близость и душевную связь, создавая условия для стабильного брака и удовлетворенности.

Африканские и австралийские обряды:

- Африканские обряды инициации передают молодёжи знания о важности сексуальной энергии как жизненной силы, связанной с природой и продолжением рода.
- Австралийские аборигены воспринимают сексуальность через мифы "Времени Снов". В их культуре сексуальная энергия – это часть природного цикла, от которого зависит баланс между миром людей и миром духов.

Тантра и Современный Мир

Сексуальная энергия как источник гармонии и духовного роста находит отражение в современных подходах к жизни и отношениям, выходя за рамки традиционной тантры.

- Тантрические принципы можно использовать для обогащения отношений. Медитации, практика осознанного прикосновения и глубокое внимание к партнёру помогают углубить связь, повысить доверие и понимание. Современные пары используют тантру как инструмент для восстановления близости и эмоциональной глубины.
- Практиковать тантру можно и в одиночестве, направляя энергию на творчество и самопознание. Медитации, дыхательные практики и техники сублимации помогают человеку развивать гармонию, не зависимо от партнера, и укрепляют уверенность в себе.
- Тантрические практики могут поддерживать сексуальное здоровье и активность в пожилом возрасте. Сексуальная энергия не теряет своей значимости с возрастом и может даже усилить внутреннюю гармонию и умиротворение.

Тантра позволяет взглянуть на сексуальность как на естественную и важную часть человеческого существования, помогая освободиться от социальных стереотипов и табу.

Сексуальность и социальные нормы:

- Тантра помогает преодолеть общественные стереотипы, призывая к осознанию и уважению к телу. Она способствует раскрепощению и формированию здорового отношения к своей сексуальной энергии, помогая людям принимать себя.

- Тантра может помочь восстановить связь с телом и сексуальностью людям, пережившим сексуальное насилие. Осознанные практики дыхания и медитации на внутреннее равновесие способны вернуть доверие к себе, исцелить внутренние раны и восстановить гармонию.

- Тантра открыта для всех, независимо от сексуальной ориентации или гендерной идентичности. Её принципы поддерживают идею о том, что все люди имеют право на гармоничное и уважительное отношение к своей сексуальности, что делает её привлекательной для ЛГБТК+ сообщества.

Физиология и Энергетика Сексуальности

Физиологические и энергетические аспекты сексуальной энергии раскрывают её влияние на здоровье и эмоциональное состояние.

Нейробиология сексуальности:

- Сексуальная активность стимулирует выделение нейромедиаторов (дофамина, серотонина, окситоцина), укрепляющих эмоциональную связь и вызывающих чувство счастья и расслабления. Эти биохимические процессы способствуют улучшению настроения и укреплению привязанности.

- Гормоны играют ключевую роль в формировании сексуального влечения и настроения. Окситоцин усиливает привязанность и доверие, а эндорфины и серотонин создают чувство удовольствия и удовлетворения.

Практические упражнения:

1. **Дыхательные техники:** Сосредоточьтесь на дыхании, направляя энергию вверх по позвоночнику. Глубокое и медленное дыхание помогает усилить поток энергии и её циркуляцию по телу.
2. **Медитация на чакры:** Сконцентрируйтесь на сакральной чакре, ощущая её свет и тепло. Позвольте энергии подниматься через все чакры, очищая и наполняя их.

Практика тантры помогает укрепить здоровье и поддерживать долголетие, благодаря влиянию на иммунную систему и общее состояние организма.

- Сексуальная активность стимулирует производство иммунных клеток, что укрепляет защитные силы организма. Медитативные и дыхательные практики поддерживают баланс в теле, укрепляя иммунитет.
- Исследования показывают, что регулярная практика тантрических техник, таких как медитации и дыхание, может способствовать долголетию. Осознанное управление сексуальной энергией влияет на уровень стресса и помогает поддерживать здоровье внутренних органов.
- Совмещение тантры с йогой, танцами и другими физическими практиками помогает сбалансировать энергетические потоки в теле и улучшить физическое здоровье. Такие практики укрепляют мышцы и помогают поддерживать гибкость.

Тантра связана с творчеством и вдохновением, поскольку сексуальная энергия тесно переплетается с креативной силой человека.

- Тантрические символы и образы на протяжении веков

вдохновляли художников и писателей. Архетипы соединения, символы лотоса и изображения единства мужского и женского часто встречаются в живописи и скульптуре, подчеркивая важность гармонии.

- Медитации и практики, направленные на развитие чувств и интуиции, помогают писателям углубить контакт с внутренним источником вдохновения и создавать более глубокие образы и сюжеты.

- Тантрические принципы могут помочь предпринимателям, позволяя развить интуицию и открытость к новым идеям. Сексуальная энергия, направленная на творчество, способствует принятию более взвешенных и дальновидных решений.

Практикум: Визуализации и Упражнения

- Представьте себя могучим деревом, корни которого уходят в землю, а ветви тянутся к небу. Почувствуйте, как энергия земли питает ваше тело, а энергия космоса наполняет вас светом и вдохновением.
- Повторяйте мантры, такие как "Я есть любовь" или "Я един со всем сущим", чтобы настроить себя на осознанное проживание своей энергии.
- Используйте воду, огонь, землю и воздух для усиления своих практик. Например, можно использовать воду для очищения, огонь для создания силы, землю для заземления и воздух для освобождения.

Эти практики помогают пробудить сексуальную энергию, гармонично её распределять и наполнять жизнь силой и вдохновением.

ЧАСТЬ V: ЭНЕРГИЯ В СОЦИУМЕ

Глава 13: Энергия отношений

Эта глава посвящена тонкому миру энергетических связей, которые формируют и поддерживают наши взаимоотношения. Взаимодействия, кармические связи, родовые узлы, групповые поля — все это неразрывно связано с энергетическим обменом. Понимание и осознание энергетических аспектов отношений позволяет создавать и поддерживать гармоничные связи.

Принципы энергетического обмена

Каждое взаимодействие — это обмен энергией. Эмоции, мысли, слова и действия несут определённый заряд, влияющий как на нас самих, так и на окружающих. Энергетический обмен происходит всегда, осознаём мы это или нет, — от лёгких разговоров до глубоких эмоциональных связей.

Представьте, что каждый человек — сосуд с водой. При общении двое словно "наливают" друг другу из своих сосудов. Если один наполнен негативом (злостью, завистью), он делится этим с собеседником. Напротив, человек, наполненный радостью и спокойствием, способен "зарядить" других позитивной энергией.

Современные исследования в психологии и квантовой физике подтверждают существование энергетических полей. Например, исследования HeartMath Institute показывают, что сердце излучает электромагнитное поле, изменяющееся в зависимости от эмоционального состояния, которое способно влиять на других людей на расстоянии нескольких метров. Это поле становится сильнее, если мы испытываем гармонию, сострадание, доверие.

Полевая структура взаимодействий

Человеческое тело окружено энергетическим полем (аурой), которое вступает в контакт с полями других людей. Когда двое находятся рядом, их энергетические оболочки перекрываются, вызывая обоюдный резонанс. Часто люди испытывают необъяснимую симпатию или неприязнь к незнакомцам, что объясняется взаимодействием энергетических полей.

Представьте, что вы окружены светящимся коконом. При общении визуализируйте, как ваш кокон наполняется светом и "обволакивает" собеседника, создавая мягкий, доброжелательный контакт.

Кармические связи

Кармические связи — это энергетические "долги" из прошлых жизней или прежних взаимодействий. Карма представляет собой накопленную энергию действий и мыслей, которые однажды находят воплощение. Эти связи часто проявляются как притяжение или отталкивание к людям, с которыми мы испытываем неразрешённые вопросы.

Иногда люди встречаются и ощущают, что знают друг друга всю жизнь. Это может указывать на кармическую связь, где незаконченные вопросы из прошлого приводят к повторному взаимодействию.

Чтобы осознать кармическую связь, медитируйте на человека, вызывающего сильные эмоции. Задайте себе вопросы: "Почему эта личность вызывает такие чувства?", "Есть ли что-то, что я не отпустил?" Регулярная работа с этими мыслями помогает распутывать кармические узлы.

Родовая энергия

Родовая энергия — это сила, передающаяся нам от предков. Она включает не только генетическую память, но и унаследованные поведенческие модели, убеждения, мировоззрение. Родовые энергии формируют базовые паттерны поведения, влияющие на наши решения, внутренний потенциал и жизненную энергию.

Родовые паттерны проявляются в виде повторяющихся сценариев, когда в поколениях прослеживаются схожие судьбы, успехи или проблемы. Например, если в роду есть "незавершённые" вопросы, эта энергия может передаваться потомкам.

В семье может передаваться история ранних потерь или конфликтов с авторитетами, что указывает на родовую программу, которую можно осознать и трансформировать.

Запишите родовую историю, обратите внимание на сходства в судьбах ваших предков. Если замечены случаи ранних потерь или семейных конфликтов, подумайте, как это влияет на вас. Осознание этих узоров позволяет трансформировать родовую энергию, открывая новые пути.

Техники исцеления родовых травм

Создайте особое место с фотографиями и символами предков. Проводите медитации с намерением исцелить и трансформировать их боли, прося у них мудрости и поддержки. Практика благодарности выражает признательность за их вклад в вашу жизнь.

Групповые поля

Групповое поле — это энергетика группы людей, объединённых общей целью или убеждениями. Групповая энергия может как усиливать каждого члена, так и ослаблять, создавая условия для эмоционального комфорта или напряжения.

Входя в группу, человек принимает её энергию и "полевые вибрации". Это воздействие может быть как положительным, так и отрицательным: позитивное окружение наполняет вдохновением, негативное — забирает силы.

Человек, попавший в коллектив с поддержкой и уважением, чувствует себя вдохновлённым и энергичным. В токсичной среде он может быстро устать, потерять интерес к работе.

После общения с разными группами людей анализируйте свои ощущения. Если чувствуете прилив сил, эта группа полезна для вас. Если ощущаете опустошение — ограничьте общение с этим коллективом.

Для создания синергии важно объединить усилия всех участников, направив их на поддержку и взаимопомощь. Совместное начало дня с позитивными аффирмациями помогает создать сплочённую энергетику.

Гармонизация отношений

Гармонизация отношений — это совокупность техник и подходов, направленных на выравнивание энергетических потоков между людьми. Гармоничные отношения формируют пространство, где каждый человек чувствует себя защищённым и свободным.

1. **Чистота намерений:** Поддерживайте искренние намерения. Когда вы желаете другому добра, ваше поле передаёт это.

2. **Энергетическая защита:** Если собеседник "питается"

вашей энергией, визуализируйте защитное поле вокруг себя, сохраняя баланс и не отдавая свою энергию без необходимости.

3. **Слушание и присутствие:** Искреннее внимание к собеседнику создаёт позитивный обмен, улучшая общение.

4. **Освобождение от обид:** Прощение — это освобождение от тяжёлых эмоций, которые утяжеляют энергетику и мешают гармонии.

Практическое упражнение по гармонизации: Сядьте удобно, представьте себя окружённым мягким светом. Дышите глубоко, ощущая, как с каждым выдохом освобождаетесь от негативных эмоций. Визуализируйте человека, с которым хотите гармонизировать отношения, "посылайте" ему свет и доброжелательность, отпуская обиды.

Глава 14: Энергия и Финансы

Деньги – это не просто средство обмена или цифры на банковском счете, а мощная энергия, отражающая наше внутреннее состояние. Финансовое благополучие начинается с наших мыслей, убеждений и чувств. Денежная энергия работает как электрический ток, проходящий по цепям нашего разума и эмоций. Если цепь замыкается на страхах и ограничениях, ток прерывается, и приток денег снижается. Но если мы направляем нашу энергию на изобилие и доверие, деньги начинают течь к нам свободно и легко.

Наши мысли и убеждения создают нейронные связи в мозге, которые формируют наше финансовое поведение. Например, если вы с детства слышали фразы вроде «деньги – это зло» или «честным трудом не разбогатеешь», это становится частью вашей нейронной сети. Эти связи, как проторенные дорожки, определяют ваши финансовые привычки и поведение. Но нейропластичность мозга позволяет нам менять эти связи: осознанные мысли о процветании и регулярные аффирмации создают новые нейронные пути, которые поддерживают изобилие.

Попробуйте каждый день записывать свои позитивные мысли о деньгах и повторять аффирмации, такие как: «Я достоин богатства», «Деньги приходят ко мне легко и свободно». Это поможет вам постепенно изменить нейронные сети и финансовые привычки.

Квантовая физика: влияние мыслей на материальный мир

Согласно квантовой физике, наши мысли влияют на материю. В экспериментах с двойной щелью ученые доказали, что наблюдатель влияет на поведение частиц. Это значит, что наше внимание и намерение способны воздействовать на реальность. Если мы фокусируемся на недостатке денег, мы привлекаем бедность. Если же мы направляем внимание на изобилие и процветание, то создаем условия для притока богатства в нашу жизнь.

Представьте себе поток золотистой энергии, льющийся к вам со всех сторон. Чувствуйте, как этот поток наполняет вас, и осознайте, что изобилие уже существует в вашей жизни.

Наши финансовые привычки часто связаны с детскими переживаниями и семейными установками. Психологические исследования показывают, что ранний опыт с деньгами формирует наше отношение к финансам на всю жизнь. Страх бедности, привычка откладывать «на черный день» или, наоборот, неумение откладывать деньги – все это результат психологических механизмов.

Проанализируйте свои детские воспоминания, связанные с деньгами. Какие убеждения вы переняли от родителей? Какие эмоции у вас вызывает разговор о финансах? Это поможет вам выявить и изменить ограничивающие установки.

Энергетические блоки в финансах: как их распознать и устранить

Энергетические блоки, связанные с деньгами, часто остаются незамеченными, но они могут существенно ограничивать ваш денежный поток. Это могут быть страхи, чувство вины или негативное отношение к богатым людям.

- **Страх бедности:** Постоянное чувство, что денег не хватит, создает вибрацию недостатка.
- **Ощущение недостойности:** Если вы считаете, что не заслуживаете богатства, вы будете бессознательно избегать возможностей для заработка.
- **Вина за деньги:** Убеждение, что деньги портят людей или что их можно заработать только нечестным путем, блокирует денежную энергию.

Напишите все свои страхи и негативные убеждения о деньгах на листе бумаги, а затем сожгите его, представляя, как сгорают все ваши блоки.

Углубленные практики для создания денежного потока

Правильное оформление вашего рабочего места и дома может существенно улучшить денежный поток. В фэн-шуй зона богатства находится в юго-восточной части помещения. Украсьте эту зону кристаллами (цитрин, пирит), золотыми свечами и растениями с округлыми листьями – они символизируют рост и процветание.

Держите свой рабочий стол в чистоте, избегайте беспорядка – это блокирует денежную энергию.

Астрология и финансы

Финансы в астрологии связаны со вторым домом (дом ресурсов) и восьмым домом (дом чужих денег, инвестиций). Положение Венеры, Юпитера и Плутона в вашем гороскопе может подсказать, где и как лучше всего зарабатывать деньги.

Венера во втором доме указывает на доходы через творчество или эстетические сферы, а Юпитер в восьмом доме – на успех в инвестициях и наследстве.

Число вашего дня рождения и имени также влияет на финансовое благополучие. Например, число 8 в нумерологии связано с деньгами и властью, а число 1 символизирует лидерство и успех.

Используйте числа, благоприятные для финансов, в датах заключения сделок и номерах счетов.

Финансовые проблемы могут вызывать стресс, который, в свою очередь, влияет на физическое здоровье. Хронический стресс истощает ресурсы организма, снижает иммунитет и может вызывать болезни.

Используйте дыхательные практики для снижения уровня стресса и улучшения общего состояния.

Отношения и деньги

Наши отношения с деньгами часто отражают наши отношения с людьми. Если мы боимся потерять деньги, это может свидетельствовать о страхе потерять близких. И наоборот, щедрость и готовность делиться свидетельствуют о гармоничных отношениях.

На духовном уровне процветание – это не только деньги, но и состояние внутренней гармонии и доверия к миру. Когда мы находимся в резонансе с энергией изобилия, деньги приходят к нам естественно.

Медитация на корневую чакру

Корневая чакра отвечает за чувство безопасности и стабильности. Когда эта чакра активирована, мы чувствуем себя защищенными, и финансовое благополучие становится более доступным.

Представьте, что у вас есть денежное дерево, на котором растут монеты и купюры. Каждый день визуализируйте, как на этом дереве появляются новые плоды.

Записывайте все свои финансовые поступления, расходы и мысли о деньгах. Это поможет вам осознать свои паттерны и улучшить финансовую дисциплину.

Создайте коллаж с изображениями предметов, которые символизируют для вас богатство и процветание. Повесьте его на видное место и каждый день медитируйте на свои цели.

Финансовая свобода – это не только накопление капитала, но и освобождение от страхов и ограничений, связанных с деньгами. Когда вы учитесь управлять своей денежной энергией, вы открываете двери к настоящему процветанию и гармонии. Помните, что деньги – это лишь отражение вашей внутренней энергии. Настройте ее на изобилие, и Вселенная ответит вам тем же.

Глава 14: Энергия и Финансы

Деньги – это не просто средство обмена или цифры на банковском счете, а мощная энергия, отражающая наше внутреннее состояние. Финансовое благополучие начинается с наших мыслей, убеждений и чувств. Денежная энергия работает как электрический ток, проходящий по цепям нашего разума и эмоций. Если цепь замыкается на страхах и ограничениях, ток прерывается, и приток денег снижается. Но если мы направляем нашу энергию на изобилие и доверие, деньги начинают течь к нам свободно и легко.

Наши мысли и убеждения создают нейронные связи в мозге, которые формируют наше финансовое поведение. Например, если вы с детства слышали фразы вроде «деньги – это зло» или «честным трудом не разбогатеешь», это становится частью вашей нейронной сети. Эти связи, как проторенные дорожки, определяют ваши финансовые привычки и поведение. Но нейропластичность мозга позволяет нам менять эти связи: осознанные мысли о процветании и регулярные аффирмации создают новые нейронные пути, которые поддерживают изобилие.

Попробуйте каждый день записывать свои позитивные мысли о деньгах и повторять аффирмации, такие как: «Я достоин богатства», «Деньги приходят ко мне легко и свободно». Это поможет вам постепенно изменить нейронные сети и финансовые привычки.

Квантовая физика: влияние мыслей на материальный мир

Согласно квантовой физике, наши мысли влияют на материю. В экспериментах с двойной щелью ученые доказали, что наблюдатель влияет на поведение частиц. Это значит, что наше внимание и намерение способны воздействовать на реальность. Если мы фокусируемся на недостатке денег, мы привлекаем бедность. Если же мы направляем внимание на изобилие и процветание, то создаем условия для притока богатства в нашу жизнь.

Представьте себе поток золотистой энергии, льющийся к вам со всех сторон. Чувствуйте, как этот поток наполняет вас, и осознайте, что изобилие уже существует в вашей жизни.

Наши финансовые привычки часто связаны с детскими переживаниями и семейными установками. Психологические исследования показывают, что ранний опыт с деньгами формирует наше отношение к финансам на всю жизнь. Страх бедности, привычка откладывать «на черный день» или, наоборот, неумение откладывать деньги – все это результат психологических механизмов.

Проанализируйте свои детские воспоминания, связанные с деньгами. Какие убеждения вы переняли от родителей? Какие эмоции у вас вызывает разговор о финансах? Это поможет вам выявить и изменить ограничивающие установки.

Энергетические блоки в финансах: как их распознать и устранить

Энергетические блоки, связанные с деньгами, часто остаются незамеченными, но они могут существенно ограничивать ваш денежный поток. Это могут быть страхи, чувство вины или негативное отношение к богатым людям.

- **Страх бедности:** Постоянное чувство, что денег не хватит, создает вибрацию недостатка.
- **Ощущение недостойности:** Если вы считаете, что не заслуживаете богатства, вы будете бессознательно избегать возможностей для заработка.
- **Вина за деньги:** Убеждение, что деньги портят людей или что их можно заработать только нечестным путем, блокирует денежную энергию.

Напишите все свои страхи и негативные убеждения о деньгах на листе бумаги, а затем сожгите его, представляя, как сгорают все ваши блоки.

Углубленные практики для создания денежного потока

Правильное оформление вашего рабочего места и дома может существенно улучшить денежный поток. В фэн-шуй зона богатства находится в юго-восточной части помещения. Украсьте эту зону кристаллами (цитрин, пирит), золотыми свечами и растениями с округлыми листьями — они символизируют рост и процветание.

Держите свой рабочий стол в чистоте, избегайте беспорядка — это блокирует денежную энергию.

Астрология и финансы

Финансы в астрологии связаны со вторым домом (дом ресурсов) и восьмым домом (дом чужих денег, инвестиций). Положение Венеры, Юпитера и Плутона в вашем гороскопе может подсказать, где и как лучше всего зарабатывать деньги.

Венера во втором доме указывает на доходы через творчество или эстетические сферы, а Юпитер в восьмом доме — на успех в инвестициях и наследстве.

Число вашего дня рождения и имени также влияет на финансовое благополучие. Например, число 8 в нумерологии связано с деньгами и властью, а число 1 символизирует лидерство и успех.

Используйте числа, благоприятные для финансов, в датах заключения сделок и номерах счетов.

Финансовые проблемы могут вызывать стресс, который, в свою очередь, влияет на физическое здоровье. Хронический стресс истощает ресурсы организма, снижает иммунитет и может вызывать болезни.

Используйте дыхательные практики для снижения уровня стресса и улучшения общего состояния.

Отношения и деньги

Наши отношения с деньгами часто отражают наши отношения с людьми. Если мы боимся потерять деньги, это может свидетельствовать о страхе потерять близких. И наоборот, щедрость и готовность делиться свидетельствуют о гармоничных отношениях.

На духовном уровне процветание – это не только деньги, но и состояние внутренней гармонии и доверия к миру. Когда мы находимся в резонансе с энергией изобилия, деньги приходят к нам естественно.

Медитация на корневую чакру

Корневая чакра отвечает за чувство безопасности и стабильности. Когда эта чакра активирована, мы чувствуем себя защищенными, и финансовое благополучие становится более доступным.

Представьте, что у вас есть денежное дерево, на котором растут монеты и купюры. Каждый день визуализируйте, как на этом дереве появляются новые плоды.

Записывайте все свои финансовые поступления, расходы и мысли о деньгах. Это поможет вам осознать свои паттерны и улучшить финансовую дисциплину.

Создайте коллаж с изображениями предметов, которые символизируют для вас богатство и процветание. Повесьте его на видное место и каждый день медитируйте на свои цели.

Финансовая свобода – это не только накопление капитала, но и освобождение от страхов и ограничений, связанных с деньгами. Когда вы учитесь управлять своей денежной энергией, вы открываете двери к настоящему процветанию и гармонии. Помните, что деньги – это лишь отражение вашей внутренней энергии. Настройте ее на изобилие, и Вселенная ответит вам тем же.

Глава 14: Энергия и Финансы

Деньги – это не просто средство обмена или цифры на банковском счете, а мощная энергия, отражающая наше внутреннее состояние. Финансовое благополучие начинается с наших мыслей, убеждений и чувств. Денежная энергия работает как электрический ток, проходящий по цепям нашего разума и эмоций. Если цепь замыкается на страхах и ограничениях, ток прерывается, и приток денег снижается. Но если мы направляем нашу энергию на изобилие и доверие, деньги начинают течь к нам свободно и легко.

Наши мысли и убеждения создают нейронные связи в мозге, которые формируют наше финансовое поведение. Например, если вы с детства слышали фразы вроде «деньги – это зло» или «честным трудом не разбогатеешь», это становится частью вашей нейронной сети. Эти связи, как проторенные дорожки, определяют ваши финансовые привычки и поведение. Но нейропластичность мозга позволяет нам менять эти связи: осознанные мысли о процветании и регулярные аффирмации создают новые нейронные пути, которые поддерживают изобилие.

Попробуйте каждый день записывать свои позитивные мысли о деньгах и повторять аффирмации, такие как: «Я достоин богатства», «Деньги приходят ко мне легко и свободно». Это поможет вам постепенно изменить нейронные сети и финансовые привычки.

Квантовая физика: влияние мыслей на материальный мир

Согласно квантовой физике, наши мысли влияют на материю. В экспериментах с двойной щелью ученые доказали, что наблюдатель влияет на поведение частиц. Это значит, что наше внимание и намерение способны воздействовать на реальность. Если мы фокусируемся на недостатке денег, мы привлекаем бедность. Если же мы направляем внимание на изобилие и процветание, то создаем условия для притока богатства в нашу жизнь.

Представьте себе поток золотистой энергии, льющийся к вам со всех сторон. Чувствуйте, как этот поток наполняет вас, и осознайте, что изобилие уже существует в вашей жизни.

Наши финансовые привычки часто связаны с детскими переживаниями и семейными установками. Психологические исследования показывают, что ранний опыт с деньгами формирует наше отношение к финансам на всю жизнь. Страх бедности, привычка откладывать «на черный день» или, наоборот, неумение откладывать деньги – все это результат психологических механизмов.

Проанализируйте свои детские воспоминания, связанные с деньгами. Какие убеждения вы переняли от родителей? Какие эмоции у вас вызывает разговор о финансах? Это поможет вам выявить и изменить ограничивающие установки.

Энергетические блоки в финансах: как их распознать и устранить

Энергетические блоки, связанные с деньгами, часто остаются незамеченными, но они могут существенно ограничивать ваш денежный поток. Это могут быть страхи, чувство вины или негативное отношение к богатым людям.

- **Страх бедности:** Постоянное чувство, что денег не хватит, создает вибрацию недостатка.
- **Ощущение недостойности:** Если вы считаете, что не заслуживаете богатства, вы будете бессознательно избегать возможностей для заработка.
- **Вина за деньги:** Убеждение, что деньги портят людей или что их можно заработать только нечестным путем, блокирует денежную энергию.

Напишите все свои страхи и негативные убеждения о деньгах на листе бумаги, а затем сожгите его, представляя, как сгорают все ваши блоки.

Углубленные практики для создания денежного потока

Правильное оформление вашего рабочего места и дома может существенно улучшить денежный поток. В фэн-шуй зона богатства находится в юго-восточной части помещения. Украсьте эту зону кристаллами (цитрин, пирит), золотыми свечами и растениями с округлыми листьями – они символизируют рост и процветание.

Держите свой рабочий стол в чистоте, избегайте беспорядка – это блокирует денежную энергию.

Астрология и финансы

Финансы в астрологии связаны со вторым домом (дом ресурсов) и восьмым домом (дом чужих денег, инвестиций). Положение Венеры, Юпитера и Плутона в вашем гороскопе может подсказать, где и как лучше всего зарабатывать деньги.

Венера во втором доме указывает на доходы через творчество или эстетические сферы, а Юпитер в восьмом доме – на успех в инвестициях и наследстве.

Число вашего дня рождения и имени также влияет на финансовое благополучие. Например, число 8 в нумерологии связано с деньгами и властью, а число 1 символизирует лидерство и успех.

Используйте числа, благоприятные для финансов, в датах заключения сделок и номерах счетов.

Финансовые проблемы могут вызывать стресс, который, в свою очередь, влияет на физическое здоровье. Хронический стресс истощает ресурсы организма, снижает иммунитет и может вызывать болезни.

Используйте дыхательные практики для снижения уровня стресса и улучшения общего состояния.

Отношения и деньги

Наши отношения с деньгами часто отражают наши отношения с людьми. Если мы боимся потерять деньги, это может свидетельствовать о страхе потерять близких. И наоборот, щедрость и готовность делиться свидетельствуют о гармоничных отношениях.

На духовном уровне процветание – это не только деньги, но и состояние внутренней гармонии и доверия к миру. Когда мы находимся в резонансе с энергией изобилия, деньги приходят к нам естественно.

Медитация на корневую чакру

Корневая чакра отвечает за чувство безопасности и стабильности. Когда эта чакра активирована, мы чувствуем себя защищенными, и финансовое благополучие становится более доступным.

Представьте, что у вас есть денежное дерево, на котором растут монеты и купюры. Каждый день визуализируйте, как на этом дереве появляются новые плоды.

Записывайте все свои финансовые поступления, расходы и мысли о деньгах. Это поможет вам осознать свои паттерны и улучшить финансовую дисциплину.

Создайте коллаж с изображениями предметов, которые символизируют для вас богатство и процветание. Повесьте его на видное место и каждый день медитируйте на свои цели.

Финансовая свобода – это не только накопление капитала, но и освобождение от страхов и ограничений, связанных с деньгами. Когда вы учитесь управлять своей денежной энергией, вы открываете двери к настоящему процветанию и гармонии. Помните, что деньги – это лишь отражение вашей внутренней энергии. Настройте ее на изобилие, и Вселенная ответит вам тем же.

Эпилог: Новые горизонты

Будущее энергетических практик обещает не только расширение применения уже известных методов, но и коренное переосмысление самой природы жизненной силы. Мы находимся на пороге новой эпохи, где слияние древних знаний и современных технологий открывает захватывающие перспективы. Эти горизонты требуют от нас гибкости ума и открытости сердца — готовности не только учиться, но и становиться проводниками перемен.

Энергетические практики: Интеграция в будущее общество

Энергетические практики, такие как медитация, йога, цигун, рейки и пранаяма, уже вышли за рамки эзотерических сообществ и становятся частью мейнстрима. Это не просто инструменты для снятия стресса, но и мощные методы трансформации личности и сообществ. В будущем они могут занять ключевую роль в разных аспектах нашей жизни:

1. Образование нового типа:

В учебных заведениях будущего практики осознанности могут стать таким же неотъемлемым элементом, как математика и литература. Представьте себе, что уже в начальной школе дети обучаются основам медитации и дыхательных техник, что способствует повышению уровня эмоционального интеллекта, развивает концентрацию и улучшает академическую успеваемость. Гармоничное сочетание науки и духовности может сформировать новое поколение, более осознанное и психологически устойчивое.

2. Трансформация медицины:

Вместо того чтобы ограничиваться медикаментозным лечением, будущая медицина будет использовать энергию тела как важнейший ресурс восстановления. Например, практики цигуна и рейки могут стать частью реабилитационных программ, помогая пациентам быстрее восстанавливаться после операций и болезней. Врачи смогут интегрировать энергетические практики в лечение, подбирая индивидуальные методы работы с жизненной силой пациента. Это станет шагом к более целостной и персонализированной медицине.

3. Новый стандарт корпоративной культуры:

Компании, которые сегодня внедряют йогу и медитацию для сотрудников, находятся на переднем крае изменений, но в будущем это станет обязательной частью корпоративного климата. Представьте себе рабочие пространства, оборудованные зонами для медитации и практик осознанного дыхания, где каждый сотрудник может снять напряжение и восстановить ментальный баланс. Это приведет к повышению продуктивности, снижению уровня выгорания и созданию более гармоничного рабочего пространства.

Технологии и энергетика: Будущее за симбиозом

Технологии будущего будут не просто дополнять энергетические практики, но и кардинально изменят наш подход к ним. Развитие виртуальной реальности (VR), искусственного интеллекта (AI) и биосенсоров откроет новые возможности для глубинного погружения в мир внутренних энергий.

1. Персонализированные VR-медитации:

Представьте себе, что с помощью VR вы можете отправиться в любое место, где чувствуете себя спокойным и вдохновленным: на берег океана, в тихий лес или в древний храм. Алгоритмы AI будут подстраивать сессию под ваш эмоциональный и физический статус, создавая уникальное медитативное пространство, идеально подходящее для вашего текущего состояния.

2. Биофидбек и мониторинг энергии:

Биосенсоры и устройства для мониторинга состояния организма будут отслеживать уровень энергии, степень стресса и показатели дыхания в реальном времени. Это позволит не только улучшать технику практик, но и получать немедленную обратную связь, помогая глубже понять свои энергетические ритмы и регулировать их.

Эволюция сознания: Путь к новому уровню

Эволюция сознания — это не просто метафора, а конкретный процесс, происходящий прямо сейчас. Мы наблюдаем постепенное пробуждение человечества к более глубокому пониманию своей связи со Вселенной, природой и друг с другом.

1. Пробуждение эмпатии:

Современные кризисы, такие как изменение климата и социальное неравенство, подталкивают нас к осознанию, что все мы связаны. Энергетические практики учат нас чувствовать энергию не только в себе, но и в окружающем мире. Это развивает эмпатию, которая станет ключевым элементом в построении устойчивого будущего.

2. Переход от материального к духовному:

Массовое разочарование в материализме ведет к поиску новых смыслов. Люди начинают задаваться вопросами, выходящими за рамки повседневной жизни: 'В чем смысл моего существования?', 'Какова моя миссия?', 'Как я могу принести пользу другим?' Ответы на эти вопросы часто лежат за пределами рационального мышления и требуют духовного поиска и самопознания.

Квантовый скачок человечества: Прорыв в новое измерение

Квантовый скачок — это не гипотетический сценарий, а реальная возможность, к которой мы можем приблизиться в ближайшие десятилетия. Это переход на качественно новый уровень существования, где будут достигнуты значительные изменения в разных сферах жизни.

1. Прорывы в науке и медицине:

Открытия в области квантовой биологии и нейронаук могут подтвердить связь между сознанием и энергией, что изменит наше представление о здоровье и болезни. Мы начнем рассматривать человека как энергетическую систему, где разум, тело и дух находятся в динамическом балансе.

2. Объединение культур и традиций:

Старые границы между культурами и духовными традициями размываются, и происходит синтез знаний. Это позволяет нам брать лучшее из каждой практики, создавая новые методы, которые работают для всех, независимо от их культурного и религиозного контекста.

Этот эпилог — не конец, а начало нового пути, полного возможностей и открытий. Я приглашаю вас не останавливаться на достигнутом, а продолжать исследовать, учиться и расти.

Каждый из нас имеет уникальный дар и потенциал, который ждет, чтобы быть раскрытым. Начните с малого — с ежедневных практик, с размышлений, с поиска новых горизонтов внутри себя.

Энергетические практики могут стать вашим вкладом в общество, помогая вам стать более внимательным к потребностям окружающих и осознавать свою роль в глобальном сообществе.

Будущее создается здесь и сейчас, в ваших мыслях, действиях и намерениях. Пусть каждый шаг на этом пути будет шагом к созданию мира, где энергия жизни течет свободно, а каждый человек чувствует свою связь с целым.

Мы стоим на пороге новой эры, где границы между наукой и духовностью размываются, и нас ждут невероятные открытия. Давайте продолжим этот путь вместе, с открытым сердцем и ясным разумом, чтобы создать мир, о котором мы все мечтаем.

9 798230 286165